기독교문서선교회(Christian Literature Center: 약칭 CLC)는 1941년 영국 콜체스터에서 켄 아담스에 의해 시작되었으며 국제 본부는 미국 필라델피아에 있습니다. 국제 CLC는 59개 나라에서 180개의 본부를 두고, 약 650여 명의 선교사들이 이동 도서차량 40대를 이용하여 문서 보급에 힘쓰고 있으며 이메일 주문을 통해 130여 국으로 책을 공급하고 있습니다. 한국 CLC는 청교도적 복음주의 신학과 신앙 서적을 출판하는 문서선교기관으로서, 한 영혼이라도 구원되길 소망하면서 주님이 오시는 그날까지 최선을 다할 것입니다.

추천사

이승구 박사
합동신학대학원대학교 조직신학 교수

여기 정말 좋은 책이 우리에게 선물로 주어졌다. 세 가지 때문에 이 책은 반드시 읽어야 하는 책이다.

첫째, 이 책의 주제가 되는 청교도들 때문이다. 자신들이 살던 시기에 하나님께 참으로 영적이면서 성경에 충실한 사역을 했던 청교도들 7인을 그들의 작품들과 함께 소개하고, 마지막 부분에 윌리엄 퍼킨스와 리처드 백스터를 깊이 소개하는 이 책은 청교도들을 잘 이해할 수 있는 좋은 안내서가 된다.

둘째, 이 책의 저자인 제임스 패커 박사 때문이다. 지금은 눈이 안 보이게 되어 거의 글을 쓰지 못하지만 20세기 말 상황에서 개혁신학의 훌륭한 대변자 역할을 한 패커 박사는 모든 면에서 가장 건전한 안내자이다. 특히 그가 청교도인 리처드 백스터에 대한 연구로 옥스포드에서 박사 학위(D. Phil.)를 하고, 평생 청교도들에 관심을 가지고 여러 글을 써 왔으니 패커 박사야 말로 청교도들에 대해서 가장 좋은 안내자라고 하지 않을 수 없다. 패커 박사의 다른 책들도 무조건 다 읽어야 하지만 패커 박사가 청교도에 대해 쓴 책은 우리가 다 읽고서 그들의 그 모습을 우리 시대에 잘 드러내는 일을 해야 할 것이다.

셋째, 이 책의 번역자인 유정모 박사 때문이다. 미국 칼빈신학교에서 신학석사 학위와 박사학위를 하신 분이시니 그 어떤 영어책 번역도 다 믿을 수 있지만, 특히 학위 논문을 청교도에 대해서 썼기에 유정모 박사께서 번역해 주신 이 책을 읽으면 정확하게 청교도들을 소개받을 수 있게 된다.

귀한 책을 번역해서 우리에게 청교도들을 더 깊이 있게 생각할 수 있도록 하심에 감사드리면서 우리 모두가 이 귀한 책을 읽고, 청교도들이 그들 시대에 감당했던 그 사명을 우리 시대에 감당할 수 있었으면 한다.

Puritan Portraits

원 종 천 박사
아세아연합신학대학교 역사신학 교수

 종교개혁 후 침체되어가던 개신교회가 살아날 수 있도록 새로운 빛을 비친 청교도. 그들은 16-17세기를 걸쳐 개신교 교회의 신학과 경건, 교회와 목회에 새로운 이정표를 세웠다. 그들의 풍성한 설교와 영적 가르침은 후대 개신교회가 위기를 맞을 때마다 다시 꺼내보는 지침서가 되었다. 개신교 신학을 대표하며 청교도인 제임스 패커 박사는 이 책을 통해 현재 개신교 교회에 다시 한 번 영적 활력을 불어넣기 원한다. 쇠약해지고 위기에 빠진 한국교회에 이 책의 번역은 늦은감이 있다. 한국교회에 이 책의 필요성을 인식하고 한국 독자들에게 번역판을 집필한 유정모 교수에게 감사한다. 패커 박사의 말대로 "청교도적 자질을 갖춘 목회자 없이 오늘날 교회가 생존할 수 있을까?" 패커 박사는 청교도 목회자들을 소개하며 그들의 대표적 설교롤 통해 청교도적 이상과 꿈의 숨결을 우리가 느끼도록 도와준다.

이 은 선 박사
안양대학교 한국인문학플러스 사업단장 및 한국개혁신학회 회장

 『청교도 인물사』는 마틴 로이드 존스와 함께 청교도에 대한 최고의 권위자로 평가되는 패커 박사의 *Puritan Portraits*를 횃불트리니티신학대학원의 유정모 교수가 번역한 책이다. 패커 박사는 존스와 함께 1956년부터 청교도 서적을 연구하기 시작해 20세기 후반에 청교도들의 경건을 현대 기독교인들에게 일깨운 신학자다. 그는 이 책에서 우리가 왜 청교도의 설교들을 진정한 경건 서적으로 읽어야 하는 이유를 앞의 다섯 장에서 제시하고 있다.
 포스트모더니즘 시대에 우리가 청교도를 읽어야 하는 이유에 대해 패커 박사는 청교도들이 성경을 가장 올바르게 해석하여 하나님과 친밀하게 교

제하는 가운데 성도들의 삶을 개혁했기 때문이라고 설명한다. 청교도들은 영국 국교회가 그들이 주장하는 개혁을 수용하지 않자, 영국 국교회 밖에서 설교를 통해 성도들의 삶을 개혁하고자 했던 인물들이다. 그런 의미에서 이들은 오늘날 자발적인 시민운동이라고 평가할 수도 있겠다.

패커 박사는 제2부에서 영국 국교회를 개혁하고자 헌신했던 청교도 지도자들인 헨리 스쿠갈, 스테판 차녹, 존 번연 등 7명의 생애를 간단하게 소개하고 그의 대표작 한 권을 선정하여 그 책들의 핵심적인 내용을 잘 소개하고 있다.

7권의 작품들을 소개한 후에 그는 마지막으로 청교도 인물들 가운데서도 설교에 최고의 이론가이자 실천가라고 평가할 수 있는 윌리엄 퍼킨스와 리처드 백스터를 선정하여 소개하고 있다. 독자들이 이 책을 일독하면 청교도 인물들 가운데 최고의 영적 거성들을 만나면서 성경에 기초하여 이루어지는 그들의 경건한 삶의 실체를 만날 수 있을 것이다. 패커 박사의 훌륭한 책을 청교도 사상에 깊은 조예를 가진 유정모 교수가 술술 읽을 수 있도록 잘 번역한 책의 일독을 독자들에게 권한다.

임 원 택 박사
백석대학교 역사신학 교수

안 가본 길을 가야할 때 좋은 안내자를 만난다는 것은 큰 복이다. 제임스 패커 박사는 그런 점에서 우리가 청교도라는 신앙의 선배님들을 처음 만나러 갈 때 우리를 이끌어줄 참 좋은 안내자다. 패커 박사를 처음 만난 건 대학 시절 『하나님을 아는 지식』을 통해서였다. 그때는 그분의 경건에 청교도가 끼친 영향을 거의 몰랐다. 20년 전 신학생들에게 '청교도 신앙과 삶'이라는 과목을 가르칠 때 교재 중 하나가 패커 박사의 『청교도 사상』이었다. 그분의 경건에 청교도가 끼친 영향이 얼마나 큰지를 그제야 알았다.

스쿠갈, 차녹, 번연, 매튜 헨리, 오웬, 플라벨, 보스톤, 퍼킨스, 백스터 등 이 목회자들 외에도 청교도 가운데 우리가 본받을 분들이 엄청 많다는 것은 청교도 경건의 너비와 깊이가 어떠한지를 보여준다. 그런데 규모가 너무 크다 보면 그 전부를 살펴볼 엄두를 못 낼 수 있다. 그래서인지 청교도의 경건에 대해 말은 많이 하지만, 실제로 그 속에 들어가 보는 이들은 적은 듯하다. 시작이 중요하다.

패커 박사의 『청교도 인물사』는 청교도의 경건을 알고 싶고 배우고 싶은 이들이 청교도 속으로 뛰어 들어가도록 도와주는 좋은 책이다. 독자들이 패커 박사의 안내를 받아 청교도의 경건을 배울 뿐 아니라, 청교도들이 그리도 사랑한 예수 그리스도를 더욱 사랑하게 되기를 바라며, 『청교도 인물사』를 적극 추천한다.

칼 트루만(Carl R. Trueman) 박사
폴울리 교회사 교수, 필라델피아 소재 웨스트민스터신학교

나는 패커 박사에게 감사의 빚을 졌다. 다른 사람들처럼 나 역시 패커 박사의 저서를 통해 청교도를 처음 접했기 때문이다. 이 책은 그의 또 다른 탁월한 저서로서, 오늘날의 목회자를 위한 청교도 선언서(manifesto)와 함께 몇몇 주요 청교도 사상가와 그들의 작품을 심도있게 소개한다. 지금까지 쓴 패커 박사의 작품들 중 단연 최고다. 솜털같이 가벼운 시대에 교회와 영혼을 위한 양질의 음식이다.

샘 스톰스(Sam Storms) 목사
오클라호마 소재 브릿지웨이교회 담임

나는 청교도 책을 추천해 달라는 요청을 받을 때마다 패커 박사의 『청교도 사상』(*A Quest for Godliness*)이 가장 먼저 떠오르곤 했다. 여러 주요 청교도 목회자와 신학자를 소개함으로써 우리에게 영적인 새 힘을 제공해 주는 책, 『청교도 인물사』가 출판된 지금, 청교도 관련 추천 도서 목록의 두 번째 책을 갖게 된 셈이다. 패커 박사는 "청교도 기독교는 진지한 기독교였다"라고 말한다. 현대의 기독교도 그래야만 한다고 생각한다. 청교도 신앙과 영성을 탐구하기 위해서 이 보다 좋은 지침은 없기에 이 책을 적극 추천한다.

싱클레어 B. 퍼거슨(Sinclair B. Ferguson) 목사
남캘리포니아주 소재 제1장로교회 담임

패커 박사는 쉽고 명쾌한 사고와 신학적 통찰력으로 『인간의 영혼 안에 있는 하나님의 생명』(*The Life of God in the Soul of Man*)을 포함하여 지금까지 최고로 꼽히는 7인의 청교도의 삶과 사상을 소개해 준다.
『청교도 인물사』는 건강한 영적 미각을 지닌 모든 사람을 위한 작품이다.

조엘 R. 비키(Joel R. Beeke) 박사
그랜드래피즈 소재 퓨리탄리폼드신학교 총장

훌륭한 사람을 만나기 위해서는 그를 잘 아는 사람으로부터 소개를 받는 방식이 가장 좋다. 이것이 바로 이 책에서 패커가 하는 일이다. 그는 16세기에서 18세기까지 활동했던 여러 청교도 사상가들을 소개한다. 하지만 이 책은 단순한 전기(傳記) 이상이다. 이 책에서 청교도는 우리에게 복음, 전도, 영적 성장, 고난에 대한 하늘의 진리를 비추어 보는 거울이 된다. 여기 저기 흩어져 있던 자료들이 한 데 모아져 책으로 출간된 것에 대해 하나님께 감사를 드린다. 이 책이 많은 사람에게 복이 될 것이다.

Puritan Portraits

마이클 리브스(Michael Reeves) 박사
옥스퍼드 소재 UCCF 신학부 원장

패커 박사는 우리가 영적 난쟁이(pygmies) 신세를 모면하려면 청교도와 시간을 보내야 한다고 오랫동안 주장해 왔다. 지금 이 우아하고 매력적인 책은 우리가 청교도에게 다가갈 수 있는 가장 탁월하면서도 좋은 길을 제시한다. 좋은 책을 써주신 패커 박사에게 감사한다.

티모디 조지(Timothy George) 박사
개혁주의 성경주석 총괄 편집자,
브링엄 소재 샘포드대학교 비슨 신학부 설립 학장

패커 박사는 오늘날 교회가 따라잡기 어려운 기술을 가졌다. 이 책의 전기(傳記)적 주해들(biographical expositions)이 증거하듯 그는 청교도를 부활시켜 노래하게 한다. 패커 박사는 가장 매력적이고 설득력 있는 정통 청교도가 아닐 수 없다. 나는 젊은 목회자가 영적 성장을 위해 무엇을 공부해야 하는지 물을 때 '패커와 함께 청교도를 읽으라'고 조언하곤 한다. 이것은 모든 기독교인들을 위한 조언이기도 하다.

Puritan Portraits

청교도 인물사
Puritan Portraits

Puritan Portraits
Written by J. I. Packer
Translated by Jeongmo Yoo

Copyright ⓒ 2012 by J. I. Packer
Originally published in English under the title
Puritan Portraits
by Christian Focus Publications,
Geanies House
Fearn, Tain Ross-shire, IV20 1TW, UK
All rights reserved.

Translated and printed by permission of Christian Focus Publications.
Korean Edition Copyright ⓒ 2020 by Christian Literature Center, Seoul, Korea.

청교도 인물사

2020년 7월 15일 초판 발행

지 은 이 | 제임스 패커
옮 긴 이 | 유정모

편　　 집 | 박민구, 김현준
디 자 인 | 김현진
펴 낸 곳 | (사)기독교문서선교회
등　　 록 | 제16-25호(1980.1.18.)
주　　 소 | 서울특별시 서초구 방배로 68
전　　 화 | 02-586-8761~3(본사) 031-942-8761(영업부)
팩　　 스 | 02-523-0131(본사) 031-942-8763(영업부)
이 메 일 | clckor@gmail.com
홈페이지 | www.clcbook.com
송금계좌 | 기업은행 073-000308-04-020 (사)기독교문서선교회

ISBN 978-89-341-2162-6 (93230)

이 도서의 국립중앙도서관 출판예정도서목록(CIP)은 서지정보유통지원시스템 홈페이지 (http://seoji.nl.go.kr)와 국가자료공동목록시스템(http://www.nl.go.kr/kolisnet)에서 이용하실 수 있습니다. (CIP제어번호:2020024245)

이 한국어판 저작권은 Christian Focus Publications과(와) 독점 계약한 (사)기독교문서선교회가 소유합니다. 신저작권법에 의하여 한국 내에서 보호를 받는 저작물이므로 무단 전재와 무단 복제를 금합니다.

Puritan Portraits

제임스 패커 지음 | 유정모 옮김

청교도 인물사

CLC

목차

추천사   1
  국내 추천사   이 승 구 박사 외 3명
  해외 추천사   칼 트루만 박사 외 5명

저자 서문   12
역자 서문   14

제1부 프롤로그: 청교도의 이해   17
  제1장 오늘날 왜 청교도인가?   18
  제2장 청교도의 기독교   24
  제3장 청교도의 쇠퇴 원인   29
  제4장 청교도의 공헌   32
  제5장 청교도 설교의 특징   38

제2부 청교도 목사들에 관한 프로필   42
  제1장 헨리 스쿠갈의 『인간의 영혼 속에 있는 하나님의 생명』   45
  제2장 스테판 차녹의 『십자가에 못 박히신 그리스도』   55
  제3장 존 번연의 『천국의 순례자』   66
  제4장 메튜 헨리의 『종교적인 삶의 기쁨』   77
  제5장 존 오웬의 『죄 죽임』   88
  제6장 존 플라벨의 『마음 지키기』   100
  제7장 토마스 보스톤의 『사람 낚는 기술』   107

제3부 두 명의 청교도 모델   134
제1장 윌리엄 퍼킨스(1558-1602): 청교도 개척자   136
제2장 리처드 백스터(1615-1691): 모든 사역을 위한 사역자   168

제4부 에필로그: 청교도 목사의 프로그램   194
제1장 현대교회의 갱신과 청교도 신앙   195
제2장 청교도적 이상과 자질을 갖춘 목회자   197

저자 서문

제임스 패커
캐나다 리젠트칼리지 명예교수

만약 당신이 경건서적이라는 이름으로 팔리는 책을 접한다면 그 책이 강해설교이거나 교리적이면서 역사적인 내용을 포함하리라고는 기대하지 않을 것이다. 오늘날 그런 책은 경건서적으로 분류되지 않는다. 일반적으로 경건서적이란 일상생활의 여러 측면에 대한 묵상과 기도로 구성된 책이다.

이러한 경향에 어떤 이상한 점은 없는가?

나는 있다고 생각한다.

나는 이러한 경향이 생긴 원인이 하나님을 향한 헌신에 대한 현대인의 인간 중심적 해석에 있다고 본다. 현대에 와서 헌신은 본래 의미보다 매우 축소되었다. 오늘날 다른 많은 기독교 용어들처럼 세속화되어 헐값에 팔리는 단어가 되었다. 심지어 하나님에 대한 헌신보다 우리의 일, 배우자, 자녀에 대한 헌신을 더 많이 이야기한다.

왜 그럴까?

우리는 선조들처럼 하나님께 헌신 되지 않았기 때문일까?

아니면 우리가 선조들과 다른 방식으로 헌신하고 있기 때문일까?

원인이 무엇이든 이것이 우리가 당면한 현실이고 헌신에 대한 우리의 생각은 이전보다 매우 협소해졌다. 원래 헌신은 우리의 온 마음과 정신과 영혼을 담아 충성과 사랑 안에서 사랑으로 성부, 성자, 성령 하나님께 온전히 달라붙어 있는 것, 즉 하나님을 기쁘시게 하고 그분을 찬양하는 것이 우리 삶의 핵심이 되게 하고 거기에 한마음으로 집중하는 것을 의미했다.

또한, 연구와 주해를 통해 성경에서 진리를 배우려는 갈망을 포함했다. 이런 이해 속에서 설교와 헌신은 깊은 관계가 있는 것으로 여겨졌다. 즉 설교자들은 삶에서 소화하여 살아내야 하는 성경적인 진리로 성도들을 먹였다. 신실한 그리스도인은 하나님과 어떻게 동행하고 동시에 가족, 친구, 동료, 다른 사람과 어떤 관계를 맺어야 할지 알려주는 성경의 가르침을 갈망했다.

40년 동안 기독교 교리와 윤리, 영적인 삶에 대한 모든 주제를 포괄하는 그리스도의 구원 은혜를 전하는 데 집중했던 찰스 스펄전(C. H. Spurgeon)의 설교, 온갖 예리한 실천적인 관심으로 가득한 매튜 헨리(Matthew Henry)의 성경 주해, 앞으로 이 책에서 소개할 청교도의 설교는 예전에 그 가치를 높이 평가받았던 작품들로 참 경건이 무엇인지 보여주는 청교도 성경 주해 사역의 실례다.

우리는 스펄전의 설교나 매튜 헨리의 뛰어난 저서들, 『하나님의 존재와 속성들』(*The Existence and Attributes of God*) 같은 스테판 차녹(Stephen Charnock)의 탁월한 설교들이나 다른 청교도 저술가의 긴 성경주석서를 경건 서적으로 부를 것인가?

우리 중 많은 사람이 그렇지 않겠지만, 나는 우리 모두 그래야 한다고 생각한다. 왜냐하면, 헌신에 대한 나의 이해에 따르면 이런 책들이 하나님께 대한 진짜 헌신이 무엇인지 보여주기 때문이다. 나의 독자들이 내가 소개하는 청교도들이 경건 서적의 저자라는 생각을 가지고 이 책을 읽기를 권한다. 당신이 이 책을 덮었을 때 내 말에 동의하게 되면 좋겠다. 만약 이 책이 경건 서적으로 평가받을 수 있다면 나는 세상에서 가장 행복한 사람이 될 것이다.

2012년 5월

역자 서문

유 정 모 박사
횃불트리니티신학대학원대학교 교회사 교수

  이 책 『청교도 인물사』는 『하나님을 아는 지식』(*Knowing God*, CLC 刊)의 저자로 우리에게 잘 알려진 제임스 I. 패커(James I. Packer) 박사가 저술한 *Puritan Portraits*를 번역한 것이다. 청교도 연구의 권위자인 패커 박사는 이 책을 통해 16세기에서 18세기 사이에 활동했던 대표적인 청교도 아홉 명을 소개한다.

  여느 다른 청교도 관련 서적과 비교하여 이 책이 갖는 차별성은 패커 박사가 각 청교도의 대표적인 저술에 대한 상세한 분석을 중심으로 이들 아홉 청교도의 삶과 사역과 사상을 조명하고 있다는 점이다. 패커 박사는 먼저 각 청교도의 생애를 간략하게 소개하고 대표 저서를 주해한 뒤, 그 내용이 보여주는 기독교의 바른 신앙과 교리를 정리하고, 이것이 현재 우리에게 주는 교훈이 무엇인지 적용하는 방식으로 각 장을 구성했다. 따라서 이 책은 청교도 사상가들에 대한 뜬구름 잡는 식의 개론적 소개의 한계를 극복하고 이들의 신앙과 사역이 녹아 들어있는 저술을 통해 청교도들을 생생하게 만날 수 있도록 안내한다.

  물론 각 장에서 소개하는 청교도들의 대작에 대한 패커 박사의 분석은 십여 페이지 내외로 짧으므로 이들의 신앙과 신학을 모두 담아내기에는 충분하지 못할 것이다. 독자들이 [패커 박사가 의도했던 것처럼] 이 책을 청교도 대작을 읽기 위한 안내서로 활용했으면 하는 바람이다. 패커 박사의 탁월한 영적 지혜와 통찰력을 통해 청교도 저작들의 풍성한 깊이와 아름다움을 경험한 독자들은 자연스럽게 그가 소개하는 저작들을 구해 읽게 될 거라 기대한다.

모두 한국 기독교가 큰 위기에 있다고 말한다. 내적으로는 물질주의와 성공주의로 인한 교회의 세속화, 목회자의 도덕적 윤리적 부패, 외적으로는 이단과 자유주의신학의 위협, 포스트모던주의, 코로나19 사태 등 전에 없는 도전들을 만나고 있다. 이러한 상황 속에서 한국 기독교는 더더욱 청교도의 목소리에 귀를 기울일 필요가 있다. 왜냐하면, 청교도는 한국교회가 마주하고 있는 비슷한 내적, 외적 위기를 극복하고 영국과 미국에서 교회의 새로운 영적 각성과 부흥을 주도했기 때문이다.

청교도의 경건과 신학은 21세기를 살아가는 오늘날의 사역자와 성도들에게 현재의 위기를 극복하고 새로운 영적 도약을 이루는 데 필요한 귀중한 영적 통찰과 목회적 해답을 제시해 줄 것이다. 특히 이 책은 아홉 명의 대표적인 청교도들을 통해 위기의 때에 붙들어야 할 기독교의 본질, 올바른 신학, 복음의 정수, 사역의 본질이 무엇인지를 잘 소개해 주고 있다.

이 책이 독자들이 먼저는 자신의 신앙과 사역을, 더 나아가 한국교회가 만난 문제들을 진단하고 개혁하여 새로운 영적 갱신을 경험하는 데에 큰 유익을 주리라 믿어 의심치 않는다.

사실 이 책을 번역하는 것은 매우 어려운 작업이었다. 문장들이 대부분 만연체로 쓰였고 은유적이고 상징적인 표현들이 많았다. 영미권의 문화를 이해할 때에만 비로소 알 수 있는 관용적 표현들이 상당수 포함되어 있어 이들을 우리말로 옮기기가 쉽지 않았음을 고백한다. 패커 박사의 글이 왜 번역하기에 난해하다고 소문이 났는지 이 책을 번역하면서 절감할 수 있었다.

역자는 패커 박사의 원문의 의미를 그대로 살리려고 노력하면서 동시에 한국 독자들이 쉽게 이해할 수 있도록 최대한 간결하게 풀어 설명하려고 노력하였다. 그렇지만 이 책에 오류가 발견되거나 이해가 되지 않는 부분들이 나온다면 그것은 모두 부족한 역자의 책임이다.

마지막으로 이 책을 번역할 수 있는 은혜를 주신 하나님께 감사를 드린다. 그리고 이 책을 출간할 수 있도록 추진해 주신 기독교문서선교회(CLC) 박영호 사장님과 번역 과정에서 많은 도움을 주신 편집부께 감사드린다. 바쁘신 중에도 이 책을 위한 추천사를 써주신 이승구 교수님, 원종천 교수님, 이은선 교수님, 임원택 교수님께도 감사의 말씀을 전하고 싶다. 특히 아내 남예리의 교정 및 조언이 큰 도움이 되었다. 이 책이 한국교회의 영적 각성과 새로운 부흥에 하나의 밀알이 되기를 바라며 청교도의 신앙과 신학에 관한 책들이 앞으로도 계속 출간되기를 기대한다.

Soli Deo Gloria!

2020년 5월 22일
서울 양재동 연구실에서

제1부
프롤로그: 청교도의 이해

제1장 오늘날 왜 청교도인가?
제2장 청교도의 기독교
제3장 청교도의 쇠퇴 원인
제4장 청교도의 공헌
제5장 청교도 설교의 특징

제1장

오늘날 왜 청교도인가?

Puritan Portraits

이 책은 청교도 목회자들과 그들의 설교에 대해 집중적으로 다룬다.

하지만 '이것이 왜 오늘날 우리에게 흥밋거리가 될 수 있는가?'라는 질문을 곧바로 받게 될지 모르겠다.

청교도들은 거만하고 고집스러운 사람들이 아니었는가?

게다가 청교도 시대(1560년부터 1710년까지 대략 150년)는 아주 오래전의 일이다.

청교도 시대는 산업혁명보다 훨씬 이전, 더욱이 최근 정보화 기술이 문명사회의 질서를 장악하는 지금과 너무 동떨어진 시대다.

그런데 그렇게 먼 과거의 목소리가 어떻게 현재의 우리에게 도움이 될 수 있는가?

청교도주의의 어떤 요소가 서구사회를 영구적이고 결정적인 방법으로 바꾸었다는 말이 아니다. 정반대로 서구의 문화적인 기억이나 일반적인 이해에 따르면, 청교도주의는 17세기 말부터 서구사회가 명백히 거부해온 완고하고 제한적이며 지나치게 억제된 삶의 방식에 대한 하나의 기준이다.

그렇지 않은가?

그렇다면 청교도 운동은 그것이 무엇이었는가에 상관없이 가장 잘 잊혀진 하나의 역사적 사건이라는 것과 청교도주의는 그 시대에는 통했지만 현대의 삶과는 동떨어졌다고 판단하는 것은 간단한 명백한 진리가 아닌가?

하지만 그렇지 않다. 옛 속담에 아기가 목욕물에 떠내려가지 않게 조심하라는 경고가 있는데 이것이 바로 대부분 복음주의 기독교가 지난 300년 동안 청교도 유산에 대해 한 짓이며, 슬픈 결말을 초래했다. 청교도에 비위내야 하는 목욕물이 많다는 점은 분명하다.

하지만 청교도의 본질적인 통찰력, 즉 그리스도인의 삶이 그리스도 안에 있으며 그리스도를 통한 자유에 근거하고 하나님과의 친밀한 교제를 지속시키는 은혜의 약속 위에 근거한 체계적인 순종과 소망의 결합체라는 깨달음은 다른 그리스도인들이 상을 주어 마땅한 귀중한 공헌이지만 불행히도 그렇게 하지 않았다.

결과적으로 오늘날 우리는 영적인 진공상태에 살고 있으며 이것은 숨길 수 없게 되었다. 오늘날 많은 목회자가 회중에게 거룩과 경건에 대해 무엇을 말해야 할지 혼란스러워한다. 많은 교인은 그리스도인의 삶을 살고 권면하는 것이 구체적으로 무엇인지 말하지 못한다. 하지만 이것은 청교도주의의 핵심사상을 파악함으로써 간단히 해결할 수 있는 문제들이다.

앞으로 전개될 내용은 이삭이 블레셋 사람들이 막아버린 아브라함의 우물을 다시 팠듯이(창 26:18) 우리도 오늘날 복음의 진리, 복음의 은혜, 복음의 삶에 관한 청교도 지혜의 우물을 다시 파야할 필요가 있음을 보여주고자 한다. 이것을 위해 나는 이 분야에 가장 탁월한 청교도 선생 몇 명을 소개할 것이다.

하지만 인물 소개에 앞서서 그들이 속했던 역동적인 현실, 즉 청교도 운동이 무엇이었는지 먼저 설명하고자 한다.

청교도 운동에 관여한 사람들은 스스로 청교도라 부르거나 타인에게 그렇게 불리는 것을 좋아하지 않았다. 왜냐하면, 그들에게 청교도는 영국 국교회에 대한 충성심의 결여되고 결여되어(속으로는 그것과 분리되기를 원하며) 호시탐탐 분립을 꿈꾸거나 토비 벨치 경(Sir Toby Belch, 셰익스피어 5대 희극

중의 하나인 『십이야』[Twelfth Night]의 등장인물-역주)이 말볼리오(Malvolio)의 모습에서 발견한 것처럼 대단히 비판적인 바리새주의를 암시하는 욕이나 모욕적인 용어였기 때문이다.

'경건주의자들,' '공동생활형제단' 이상으로 열정적이던 그들은 자기 스스로와 자기들의 운동을 위하여 어떤 이름도 갖지 않았다. 그들은 다름 아닌 영국에서 하나님 나라의 진보와 그것을 통해 나타나는 하나님의 영광만이 그들이 추구해야 할 모든 것이라는 신념으로 연합한, 비공식적인 형태의 강경파 네트워크였다. 기도, 하나님 나라의 주제 토의, 질서 있는 가정생활, 안식일주의(Sabbatarianism)가 그들의 특징이었다. 삶의 모든 발걸음은 성직자가 이끄는 계층 안에서 공동의 목표를 위해 매우 적극적 방식으로 표현되었다. 그들의 행동주의(activism)는 시선을 끌었고 그들의 목표를 공유하지 않은 사람들 사이에 많은 적대감을 불러일으켰다.

그러나 1560년부터 1660년까지 100년 동안 영국의 종교적인 삶에 가장 영향을 미친 것이 청교도 운동이라 해도 과언이 아니다. 이 운동의 관심사는 두 가지로 나뉜다.

첫째, 영국 국교회의 『공동 기도서』(Book of Common Prayer)에서 감독제의 계급구조에 이르는 영국 국교회의 조직적인 구성이었다. 청교도들은 영국 국교회가 다른 개혁파 교회들의 조직적인 구성을 따르길 원했지만, 영국 국교회의 명목상 최고권력자였던 엘리자베스는 어떤 것도 바꾸려고 하지 않았다.

둘째, 이들의 더 큰 관심사는 영국을 생명력 있는 복음적인 신앙으로 회심시키는 것이었다. 그들은 이것이 오직 교구의 효과적인 교구 사역을 통해서만 가능하다고 보았다. 대부분 어떤 형제는 두 가지 주제 모두에 관심이 있던 것으로 보이지만 대체로 둘 중 하나만 적극적이었다. 이 책에서 우리의 관심사는 두 번째다.

엘리자베스 시대의 영국은 대부분 시골이었고 수천 개의 교구에 속한 예배자들은 다수가 문맹이었다. 종교개혁 이전으로 돌아가려는 고집스러운 종교적인 보수주의는 널리 퍼져있었다. 당시 영국의 종교적인 상황에 대해 사람들은 대체로 차갑고 무관심한 태도였다.

그러나 하나님의 섭리 가운데 영국의 문화는 모든 삶에 영향을 주는 거룩한 하나님의 실체와 오랫동안 성경이 라틴어에 갇혀있다가 이제 사람들이 성경을 영어로 읽는 것에 대해 고무되어 영어로 읽을수 있게 된 성경의 권위를 깊이 인식하고 있었다.

또한, 모든 성직자가 그랬던 것은 아니지만, 영국의 문화는 설교자와 선생으로서 성직자의 권위에 대해 깊은 인식이 있었고 교회 출석은 법에 의해 의무화되었다. 이 모든 것은 청교도 설교자들에게 목회 사역을 성공적으로 펼치게 해주는 큰 발판이 되었다.

교회의 개혁을 추구했던 사람들은 16세기에 접어들자 그들의 운동에 더욱 효과적으로 임했다. 에너지 넘치는 선전가(propagandist)는 『공동 기도서』의 수정이나 폐지, 장로교 질서의 전국적인 확립, 그들이 판단하기에 불신앙을 저지를 경향이 있는 교회의식을 거부할 자유, 대학에서 목회자 훈련생을 위한 공적인 자금모금을 위해 열정적으로 운동을 벌였다. 그들은 또한 교회 생활의 정규적인 부분으로써 예언들(prophesyings)로 불린 지역 성경학습 모임을 세우기 위해 노력했다.

말프릴레이트 논문들(the Marprelate tracts, 1588-89년 사이 영국 국교회를 맹렬히 공격했던 비밀 팸플릿 – 역주)을 보면 어떤 사람들은 기존 국교회가 자신들에게 어떻게 반응할지 보려고 이런 모임에 동참하기도 했다. 하지만 그들은 모든 싸움에서 패배했다. 이제 그들에게는 더 이상의 자원과 에너지가 남아있지 않았다. 그러나 개혁을 위한 이런 노력이 줄어드는 대신, 사람들을 그리스도의 제자를 세우려는 노력이 시작되었다. 이 불꽃은 리처드 그린햄(Richard Greenham)이라는 젊은이가 케임브리지를 떠나고 그 도시에서 가까운 시골 교구인 드라이 데이튼(Dry Drayton)의 교구 목사가 되기로 했던 1570년으로 거슬러 올라간다.

설교자, 목사, 개인 상담가로서 그린햄이 고수한 사역의 높은 기준은 사람들의 마음을 사로잡았고 그의 이름은 동 앵글리아(East Anglia, 영국 동남부에 있던 고대 왕국: 지금의 Norfolk 주와 Suffolk 주에 해당-역주)에서 누구나 아는 이름이 되었다.

또한, 그는 신학생들과 함께 생활하며 그의 직접적인 감독 아래 사역에 참여시킴으로써 사역을 익히게하는 도제식 훈련 제도를 개발했다. 이것을 통해 신학생들은 자신의 목회지에서 그린햄의 지혜를 적용할 수 있었다. 이처럼 그린햄이 어떤 중요한 사역을 시작하면 다른 사람들은 그를 따라 하기 시작했다. 그의 학생 중 하나인 헨리 스미스(Henry Smith)는 오랫동안 런던에서 화제의 주인공이 될 만큼 헌신적 설교자가 되었다.

한편, 그와 동시대인으로서 케임브리지에서 활동한 명쾌하고 열정적인 작가이자 학식 있고 경건한 사람이었던 윌리엄 퍼킨스(William Perkins)는 1580년대에 평신도들의 믿음의 삶을 독려하기 위해 실천적인 경건 서적 시리즈를 저술했다. 이런 노력은 그 당시 영적인 진공상태를 메웠다. 이들이 행한 사역은 전에는 존재하지 않은 새로운 것이었다. 이들의 저서는 광범위하게 팔렸다. 읽고 쓸 줄 아는 신자들은 좋은 양서를 읽는 것이 유익하고 꼭 필요한 습관이라는 청교도 원리를 만들었다. 기독교인의 삶의 다양한 측면을 다루는 저술활동에 대한 비전이 널리 퍼졌는데, 이러한 현상은 책 제목들만 봐도 쉽게 알 수 있다.

1603년 리처드 로저스(Richard Rogers)는 『이 세상뿐 아니라 내세에서도 참 행복으로 이끌어 줄 성경에서 도출한 지침을 포함한 일곱 개의 논문: 같은 것을 소망하는 모든 이에게 유익하고, 특히 진정한 그리스도인이 매일 경건하고 평안한 삶을 영위하는 법을 배울 수 있는 기독교의 실천』 (*Seven Treatises, Containing Such Directions as is gathered out of the holie Scriptures, leading and guiding to true happiness, both in this life and in the life to come; and may be called the practice of Christianitie, profitable for all such as heartily desire the same; in the which, more particularly true Christians may learne how to leade a godly and comfortable life every day*, 8th ed., 1630)이라는 제목의 2절 판 책(folio)을 출판했다.

또한, 청교도주의는 놀랍도록 짧은 시간에 자신의 힘으로 더 세부적인 지침서를 만들어냈다. 이 지침서는 보통 설교 모음으로, 출판을 위해 기록되었는데 이들 지침서들은 번연의 고전 『천로역정』(*Pilgrim's Progress*)에서 묘사한 전사-순례자(warrior-pilgrim)로서 그리스도인의 삶을 모든 측면에서 교리적이면서 설교 형태로 다뤘다.

1673년 『기독교 생활지침』(*Christian Directory*)에서 리처드 백스터(Richard Baxter)가 설교자를 위해 '참을 수 있는 가장 가난하고 가장 작은 도서관'을 추천할 때 그는 58명의 '따뜻하고 실천적인' 영국 저술가를 거명하고 설교자가 될 사람은 그들의 작품을 최대한 모으라고 권면했다. 여기서 따뜻하다는 말은 상상과 극적인 수사학의 사용을 통해 동기부여의 감정을 불러일으키는 것을 의미하고, 실천적이라 함은 오늘날 의미하는 것처럼 무엇을 믿고 행해야 할지 명료화하는 것을 뜻한다.

백스터가 추천한 저자들의 글은 청교도주의가 만들어낸 교리와 의무 경건에 관한 인기 있는 기독교 작품들이었다. 이 작품들을 통해 오늘날 우리는 청교도 목회 사역의 특별한 탁월성을 음미할 수 있게 되었다.

제2장

청교도의 기독교

―― Puritan Portraits ――

청교도의 기독교는 아주 진지했다. 어느 영주가 리처드 로저스에게 그의 종교가 너무 정확하다고 불평하자 로저스는 다음과 같이 대답했다.

오, 영주님! 저는 정확한 하나님을 섬깁니다.

많은 청교도가 평신도와 목회자의 구별 없이 정직한 마음을 얻고 영적으로 자기기만을 피하고 하나님과 가까워지기 위해 경건 노트를 썼다. 청교도 목회자들은 자신들의 소명을 매우 심각하게 여겼다. 윌리엄 퍼킨스의 책상 위에 놓인 작은 패를 보라. 이렇게 쓰여 있다.

당신은 말씀의 사역자입니다. 당신의 사역에 집중하십시오.

또한, 청교도 목회자들은 회중을 향한 책임을 실천할 때 철저히 현실주의자였다. 성도들이 그리스도 안에서 믿음을 통해 구원받는 것이 그들의 목표였으며 이를 위해 교구 제도를 만들었다. 그들은 복음 설교를 가장 우선순위에 두었다. 왜냐하면, 하나님의 사역에서 복음 설교가 영혼을 구원하는 가장 주된 은혜의 수단이라 믿었기 때문이다.

그러나 그들은 교리문답과 상담을 통해 설교 사역을 보충했다. 이렇게 함으로써 그들의 설교는 측량할 수 없을 만큼 그 영향력이 강화되었다.

교리문답은 청교도가 질문과 답변을 통해 기본적인 기독교 신앙을 성도에게 가르치는 차별화 된 훈련이었다.

16세기와 17세기의 모든 개신교 교회 지도자는 교리문답이 아동기부터 성인기에 이르는 교회의 삶에서 본질적인 요소임에 동의했고, 그것 없이 교회는 거의 살아남을 수 없다고 생각했다. 사실 그 시대의 모든 교리문답의 내용은 사도신경의 교리와 십계명이 지시하는 의무들, 주기도문의 기도 내용을 중심으로 하고 있었다.

영국 국교회의 기도서에 성직자들이 부모와 대부모(Godparents)와 함께 가르치도록 의무화되었고, 어린이들이 견진성사와 영성체를 받기 위해 꼭 배워야 하며 어린이들을 위한 교리문답이 포함되어 있었다.

또한, 1570년 이후 영국 국교회에는 청소년과 어른에게 신앙과 실천의 기본을 교육하는 도구로, 알렉산더 노웰(Alexander Nowell)이 만든 더 충실한 내용의 반공식적인(semi-official) 교리문답이 있었다. 이런 자원들 외에 청교도 성직자들은 스스로 고안한 정통 교리문답을 풍성히 사용했고 이것은 경쟁력 있는 교리문답이 얼마나 필요하고 중요한지 보여주었다.

왜냐하면, 신앙은 청교도에게 실질적인 지식(하나님은 누구시며 어떤 존재인지, 예수 그리스도는 누구시며 어떤 존재인지, 복음은 무엇인지에 대한 지식)과 함께 시작하며 교리문답의 목적은 신앙의 인식적인 기초를 다짐으로써 신앙의 삶의 문을 여는 것이기 때문이다.

현대 용어인 상담에 해당하는 청교도의 사역은 '고난받는 양심을 위로하는 것'으로 묘사한 일대일 사역(one-on-one ministry)이다. 이 사역은 마치 의사가 연약하고 아픈 사람을 치료하는 것처럼 문제 속에 빠진 영혼을 도왔다. 즉 무엇이 잘못되었는지 진단하고 치유를 위한 해결책을 처방한다. 이것을 위해 목사는 인간 영혼이 외적인 문제와 내적인 문제 중 제대로 기능하지 못하는 상태에 대한 지식, 즉 영적인 병리학(病理學, pathology)

에 대한 지식이 필요했다. 이것을 위해 목사는 내적인 영적 건강을 구성하는 것이 무엇인지에 대해 처음부터 분명히 알아야 했다.

청교도들은 영적인 건강에 대한 신약적인 개념을 가졌는데, 그리스도 중심의 믿음, 소망, [선행으로 표현되는] 사랑; 확신, 평화, 기쁨; 찬양과 감사를 잊지 않는 마음과 정신, 자발적이고 적극적인 행동을 불러오는 하나님의 나라와 영광을 위한 열정이 여기에 해당한다.

영적인 질병은 의심, 절망, 두려움, 미움, 자기 혐오, 나쁜 습관에 빠지는 유혹, 용기의 결여, 자기 집착, 연민, 우유부단, 무질서와 같은 것들로 나타난다.

청교도 시대의 용어로 울적함(melancholy)이라고 표현하며 오늘날 우울증(depression)으로 부르는 것의 다양한 형태가 위에 언급된 문제들과 분리되거나 함께 어우러져 나타났다.

이렇게 영적으로 고통받는 영혼들이 기쁨과 소망과 즐거움, 하나님을 섬기는 새로운 에너지를 회복하게 하는 청교도의 자원은 다음과 같다.

첫째, 육체적, 정신적 차원에서뿐 아니라 영적인 차원에서도 그들의 내적인 고통에 대한 통찰력 있는 깊은 공감이다.

둘째, 선한 행위를 가로막는 타락한 인간 본성, 우리를 위해 죽으심으로 죄의 책임을 감당하셨고 지금은 부활의 능력으로 죄인들을 구원하시는 그리스도 안에 있는 하나님의 값없는 은혜에 대한 깊은 이해.

셋째, 그리스도 안에서 그리스도를 통해 우리 안에 있는 그분의 형상을 회복시키시는 하나님의 방식, 하나님과 하나님의 생명을 누리지 못하게 우리를 방해하는 사탄의 방식에 대한 깊은 통찰이다.

넷째, 청교도 시대에 영국에서 나타났던 참된 종교와 거짓 종교의 모습에 대한 철저하고 명확한 분별력이다.

목사들은 자신들을 가련한 영혼들을 사탄의 조종과 유혹에서 보호하고, 그들이 일시적인 박해와 고통 속에서도 하나님의 통치 아래 거하도록 돕기위해 그 자리에 임명된 사람으로 생각했다. 불신앙과 불순종을 거절하고 친교와 찬양을 쉬지 않으며 자기 몰입과 홀로 있음을 피하고 하나님의 약속을 계속 의지하게 하는 것은 고통받는 영혼들의 회복을 위해 청교도 목사들이 갖고 있던 기본적인 영적인 공식들이었다.

청교도 목사는 아주 현명한 영적인 의사로서 절망에 빠진 사람 개개인에게 적합한 처방을 내렸다. 이 모든 것에서 리처드 그린햄은 개척자면서 동시에 박학다식한 사람이었다. 그린햄이 제시한 본보기와 방법들은 높은 성공률을 자랑하며 모든 세대의 청교도 상담 목사들에게 모델이 되었다.

위에서 언급한 셋째와 넷째 자원은 좀 더 논할 필요가 있다. 신자 개개인 안에서 계속 일어나는 사탄과 삼위일체 하나님 사이의 갈등을 분명하게 인식한 목사들은 그리스도인의 삶을 전쟁터로 묘사하곤 했다. 사탄은 끊임없이 하나님의 손에서 벗어난 죄인들을 찾으려는 희망으로 왜곡과 주의산만을 통해 하나님의 말씀의 영향력을 무디게 하려는 반동 책략을 쓰는 반면, 하나님은 자녀들이 그의 계명과 약속 경고에 주의를 기울이도록 전략을 쓰신다.

고난 중에 있는 영혼들의 고난은 때로 그들이 최종적으로 구원받을 수 있을지에 대한 불확실성 때문에 일어났다. 그들이 하나님의 택자며 천국에 도달할 때까지 안전한 부름을 받은 자라는 증거는 그들이 자신의 과거의 삶을 위해 그리스도를 통한 하나님의 용서를 원했고, 현재와 미래를 위해 경건한 삶을 살기를 원했다는 것이다.

목사가 그들에게 줄 수 있는 최고의 도움은 하나님이 이미 그들 안에서 만들고 계시는 변화를 인식하고, 무슨 일이 있어도 그들의 결단에 초점을 두어 변함없이 그런 삶을 살게 하는 것이었다.

청교도들에게 거짓된 종교란 일반적으로 그리스도를 통한 하나님과의 교제나 내재하는 성령에 의한 내적인 변화를 끌어내지 않는 외적인 규칙

준수와 미신적 신앙의 결합을 의미했다.

하지만 그들이 거짓된 종교에 대해 말할 때 가장 적절한 예로 로마 가톨릭을 마음에 두고 있었다. 영국의 시골에서는 여전히 교황주의자들이 일반 백성 마음속에 살아남았고 인기가 있었다. 따라서 청교도 설교자들은 다른 영국의 설교자들보다 좀 더 공격적으로 반교황주의를 외쳤다는 사실에 놀라서는 안 된다.

청교도들은 일반적으로 로마 가톨릭교회가 행위에 의한 칭의의 원리를 따른다고 보았고, 그런 근거에서 로마 가톨릭교회를 맹렬히 비난했다. 청교도들은 루터처럼 인간이 주 예수 그리스도의 구원의 은혜에 감사해야 하는 존재라면, 행위에 의한 칭의는 모두가 이별해야 하는 타락한 인간의 자연 종교라고 믿었다.

제3장

청교도의 쇠퇴 원인

―――― *Puritan Portraits* ――――

비극의 본질은 실제적이고 잠재적인 선의 오용이라고 정의하는 사람들이 있다. 이 정의에 의하면 청교도주의의 쇠퇴는 가장 순수한 형태의 비극이다. 청교도주의는 진정 하나의 운동이었다. 즉 그들이 생각하기에 더 좋다고 여겨지는 방향으로 변화를 일으키기 위해 적극적으로 함께 했던 사람들의 연합이었다.

청교도주의는 한 세기 동안 두 가지 면에서 거룩함을 추구하는 운동이었다. 엘리자베스 치하에서 주로 영국 국교회의 정화를 통해 순수한 예배를 회복하려는 운동이었고, 제임스 1세와 찰스 1세 치하에서는 주로 경건한 교구 공동체를 이루려는 운동이었다. 청교도들은 내전을 통해 공화정 아래 이 두 가지 목표를 모두 이루고자 했다.

하지만 영국 왕정과 영국 국교회가 왕정복고로 돌아왔을 때 청교도 운동은 정부의 자의적이고 조직적인 조치로 완전히 끝나게 되었다. 이런 조치의 이유는 의심의 여지 없이 또 다른 사회 불안에 대한 정부 관료의 두려움 때문이었다.

이 조치의 결과로 청교도들이 100년 동안 이룩한 것들은 25년도 채 걸리지 않아 파괴되었다. 당시 위로부터 부추겨진 여론은 청교도들에게 매우 적대적이었는데, 그들을 분열을 조장하는 괴짜로 여겼고, 이전 영국 국교회의 질서가 회복되는 것을 기쁨과 안도의 마음으로 환영했다.

1662년의 '통일령'(Act of Uniformity)은 내전에서 많은 성직자의 지지를 받았던 의회의 대의명분을 정죄하고 새로운 영국 국교회 안에서 사역하는 모든 성직자에게 어떤 형태로든 왕을 반대하는 반란을 포기할 것을 요구했다.

이와 함께 통일령은 약간 개정된 [그러나 청교도가 보기에 아직 개정해야 할 것이 남은] 공동기도서가 더 이상 개정이 필요하지 않다고 선언했다. 또한, 아직 영국 국교회의 안수를 받지 않은 사역자는 안수를 받을 것을 명령했다. 거의 2천 명의 청교도 목사가 양심상 이 모든 것을 받아들일 수 없었고, 그 결과 어쩔 수 없이 그들의 교구 사역을 떠나야 했다.

더 나아가 의회의 법안은 일반인이 청교도 교회의 회원이 되는 것을 절대 금지했고 청교도 운동을 엄격하게 제한했으며 청교도들이 교회를 세우는 것 역시 금지했다. 대부분 평신도였던 2만 명의 청교도들은 그 후 20여 년 동안 이 법안을 위반하여 투옥되었다.

이것은 영국에서 일어난 종교적인 박해 중 마지막 박해였으며 동시에 가장 악랄했다.

잉글랜드의 왕이 된 오렌지의 윌리엄(William of Orange)이 1689년 관용령(the Toleration Act)를 통과시켰을 때 청교도주의는 어떤 중요한 운동이 될 힘을 잃어버렸고 잉글랜드의 국가와 국교회 모두에서 소외된 채, 잉글랜드 여기저기에 흩어진 독립적인 비국교도들과 섞이게 되었다.

청교도들이 이렇게 소외된 요인 중 하나는 청교도들이 잉글랜드의 두 대학교인 옥스퍼드대학교와 케임브리지대학교에 들어가지 못하게 되었기 때문이다.

그러나 1662년에 쫓겨난 청교도 중 몇 명이 학교를 세웠고 이 학교들은 대학의 기준에 부합하고 목회 사역을 위한 충분한 학문적인 준비를 제공하는 학교로 성장했다.

이런 자원을 통해 목사를 공급받은 비국교도 교회는 힘차게 자급자족의 길을 가며 국가 전역에 퍼져있던 영국 국교회의 교구들과 전적으로 분리되었지만, 여기에 필적할만하게 되었다.

불행한 것은 1730년대 훳필드와 웨슬리 형제 아래 위대한 부흥이 일어났을 때 비국교도주의자들은 그것을 깊이 의심하며 무관심 속에 거리를 두었다는 것이다. 하지만 그들은 부흥주의자들(revivalists)의 도움 없이 스스로 길을 갈 수 있었다.

제4장

청교도의 공헌

Puritan Portraits

　교회 역사 속에서 청교도가 끼친 가장 중요한 공헌은 의심할 여지 없이 그들이 남긴 저술들이다. 이미 언급했듯이, 청교도는 언론의 힘과 경건한 독서에 대한 필요를 체감하고 그 필요를 공급하기 위해 16세기로 접어든 이후 탁월한 기술로 저술 활동에 힘썼다. 그 선구자가 윌리엄 퍼킨스였고, 그에게는 많은 추종자가 있었다. 나는 이제 이 거대한 청교도 저작에 대한 약간의 설명과 함께 청교도 목사들에 대한 스케치를 마무리하고자 한다.

　첫째로 말할 것은 19세기 중반 이후 교회는 간헐적이긴 하지만 열정적으로 청교도 서적들을 재출간했다. 리처드 백스터(Richard Baxter), 존 오웬(John Owen), 토마스 굿윈(Thomas Goodwin), 리처드 십스(Richard Sibbes), 스테판 차녹(Stephen Charnock), 존 번연(John Bunyan), 토마스 맨튼(Thomas Manton), 존 플라벨(John Flavel), 윌리엄 거널(William Gurnall), 존 호웰(John Howell), 매튜 헨리(Matthew Henry) 등의 작품들이 현대의 옷을 입고 우리 곁에 돌아왔다.

　이들 작품을 재출간 업자들은 정기적으로 이 작품들의 철자와 문법을 교정했다. 이러한 작업 때문에 내용이 조금씩 달라지기도 했지만, 결국 이런 청교도 작품들이 독자들에게 한층 더 쉽게 읽히게 해주었으므로 우리는 그들의 업적에 감사해야 한다. 이런 완성본은 가능하지 않았던 것을 가능하게 만들었다. 즉 각 작품과 그것을 관통하는 핵심 주제들, 그 안에 있는 상호 참조(cross reference)에 대한 평가를 가능하게 했다. 결국, 이런 작업은 이 작품들이 박사 논문을 위한 일차자료가 되는 것을 가능하게 했고 그 결과 실제로 이들에 관한 많은 박사 논문이 최근에 여럿 쓰였다.

이 작품들이 연구할 가치가 있다는 사실 하나만으로 이 작품들 대부분이 한가한 시간에 간헐적으로 쓰였다는 점과 복음을 전하고 회중을 돌보며 목회적인 응급상황에 대처하는 것에 우선순위를 두었던 청교도 사역자들에게 부수적인 사역이었다는 점은 아무 문제가 되지 않는다. 청교도 목사들은 전문적인 저술가들이 아니었다. 하지만 그들은 저술작업을 깨어있는 영혼들을 위한 사역의 연장으로 여겼다.

둘째로 말할 것은 많은 청교도 작품이 회중에게 설교를 위해 쓰인 자료들을 가볍게 편집한 버전이라는 점이다. 엘리자베스 시대에 영국 국교회의 모든 설교자는 설교를 암기해야 했다. 설교 행위는 어쩌면 연기자가 대사를 외워 연기하는 것과 같은 암송이었다.

설교할 때의 열정은 순간적인 것이다. 하지만 그 내용은 순간적인 것이 아니다. 오히려 미리 작성된 내용은 계속 기억된다.

청교도 설교자들은 결코 전통에 도전하지 않았다. 하지만 어떤 특정 상황에서 이것을 간과하는 예도 있었다. 드라이 드레이튼에서 그린햄은 그의 시골 청중들을 위해 주 5일 아침 6시에 설교했고 이것을 준비하기 위해 4시에 기상했는데 어떤 주제에 강한 끌림이 느껴질 때 스케치 정도의 노트만 가지고 설교했다.

리처드 백스터는 모든 목회자 후보생에게 사역하는 법과 즉흥적으로 명확하고 힘있게 설교하는 법을 배울 수 있도록 지역 베테랑 성직자의 훈련생이 되라고 권면했다. 하지만 대개 설교자들과 강의자들(lecturers, 재임 중인 설교자의 부족한 설교나 이들의 부재 시 보충하기 위해 고용된 설교자들)은 청교도 기간을 통틀어 설교의 전문을 기록했다.

하나의 본문, 단락, 또는 주제에 대한 시리즈 설교가 하는 것이 그들의 일상적인 습관이었다. 따라서 일단 설교를 하면 책이 되는 논문을 설교하는 것이 되었다. 이런 방식으로 그들은 비교적 짧은 시간에 자신의 설교문을 출간할 수 있었다.

물론 이것이 전부가 아니다. 청교도 교리문답과 아더 덴트(Arthur Dent)의 『평범한 사람이 천국으로 가는 길』(The Plain Man's Pathway to Heaven, 1601; 40th ed., 1704)과 같은 교리문답적인 책들은 직접 출판을 목적으로 쓰였다. 존 번연의 상상의 작품 중 가장 주목할만한 것들인 『천로역정』(The Pilgrim's Progress) 제1부(1678년)와 제2부(1684년), 『거룩한 전쟁』(The Holy War, 1682), 『악인씨의 삶과 죽음』(The Life and Death of Mr. Badman, 1680)도 그렇고 아마그의 나머지 작품들도 출판을 목적으로 저술했다. 존 오웬과 리처드 백스터 같은 학자적인 목사들(scholarly pastors)은 다른 사람들의 책에 대한 직접적인 반응으로 책을 썼다.

하지만 모든 청교도 출판물은 공통적으로 그 형태와 수단과 상관없이 형식적인 방식에서 단순히 성경에 근거한 것이 아닌, 아버지와 아들과 성령에 대한 지식, 은혜의 신적 방식에 대한 지식을 확장하고 심화함으로써 신자들을 교화하는 데 초점을 둔다. 이것이 바로 청교도 저작들의 차별화된 특징이다.

청교도들은 놀라울 정도로 신학적으로 동일한 사상을 가진 그룹이었는데 그들의 믿음을 지키기 위한 가장 단순한 과정은 스코틀랜드의 일반총회가 1648년 『더 연약한 자들을 교육하기 위한 지침서』(A Directory for catechizing such as are of weaker capacity)라고 설명한 어린이와 초신자용 웨스트민스터 소요리문답의 가르침을 수료하는 것이었다. 30장도 안 되는 이 소요리문답에 등장하는 107개의 쫀득쫀득한 질문과 성경에 근거한 대답은 청교도 신학의 진수를 보여준다.

하나님, 창조, 섭리, 죄, 은혜 언약, 선지자, 제사장, 왕으로서 낮아지신 후 높아지시고 성육신하신 우리의 구원자 주 예수 그리스도, 구원으로의 (유효적인) 부르심, 구원받은 자들의 은혜의 삶, 십계명, 윤리의 기본, 믿음, 회개, 성례들, 기도, 특별히 주기도문 등 이것들이 요리문답의 내용이자 청교도 구원론의 구조적인 형태였다. 또한, 청교도주의의 애정어리고 따뜻하고 실천적인 저자들이 항상 탐구한 진리의 영역이었다. 정경의 모든 가르침의 본질과 구약과 신약을 관통하는 복음의 심장이 여기에 있다고 믿는 것이 그들의 신앙이었다.

또한, 여기는 열린 정신과 마음으로 성경을 읽는 사람이 부활하신 그리스도 안에서 자기 죄를 깨닫고 헌신하도록 이끌림을 받는 곳이기도 하다. 이것은 한편으로 우리에게 친숙하다. 왜냐하면, 이것이 모든 주요 교파가 포용하는 주류 기독교이기 때문이다. 따라서 신자들은 청교도가 제공하는 것을 이미 잘 안다고 결론짓고 그것을 읽지 않으려는 유혹을 받을 것이다.

하지만 기독교 신앙의 핵심을 구성하는 청교도 방식은 제자도의 어떤 단계에서도 차별성을 가지고 독자들을 풍성하게 할 수 있어서 모든 신자에게 가장 각별한 취급을 받을 필요가 있다.

웨스트민스터 소요리문답의 질문은 철저히 분석적이다. 이것은 한편으로 성경의 본질에 대한 청교도적인 이해에서 기원했고 다른 한편으로 회중의 구성원이 되기 위한 조건에서 비롯되었다. 이 두 가지 요인은 좀 더 자세한 설명이 필요하다.

칼빈을 포함한 종교개혁시대의 신학자들처럼 청교도들은 성경이 분리할 수 없이 섞여 있는 두 개의 현실로 구성되어 있다고 보았다.

먼저, 죄에 대해 주 예수 그리스도의 삶과 죽음, 부활과 통치에서 오는 하나님의 은혜에 대한 서로 다른 인간의 증언들이다.

다른 하나는 세상에 대한 하나님의 계획과 섭리적인 통치에 대한 하나님 자신의 증언이다. 이것은 성령에 의해 인간의 말로 주어졌으며 그리스도의 종인 우리가 꼭 알아야 하는 내용이다.

이 통합된 두 단계의 성경적인 증언을 듣고 이해할 수 있도록 하는 청교도의 방법은 윌리엄 퍼킨스의 설교 사역에 관한 선구자적인 지침서인 『예언의 기술』(*Art of Prophesying*, 1595)에 상세히 나와있고, 그 후 『공적인 예배에 대한 웨스트민스터 지침서』(*Westminster Directory for Public Worship*, 1645)

에도 잘 서술되어 있으며, 청교도 시기를 통틀어 계속 발간된 여러 논문에 설명해주고 있다.

이 방법은 먼저 하나님과 인간의 관계에 관한 진리를 본문에서 끌어낸 후 그것을 설명하고 마지막으로 그것을 적용하는 것이다. 이 과정에서 철저함이라는 청교도의 특징이 진가를 발휘하기 시작한다. 본문 하나에서 여러 교리가 건져진다. 각각에 대한 설명은 다른 교리와 관련을 맺는다. 이것은 많은 시간이 소요되는 작업이다.

마지막으로 적용은 여러 종류의 독자나 청자를 위해 이루어진다. 그러므로 어떤 본문은 큰 수레 마차 한 대 분량의 해설이 달리게 된다. 적용에 대해 퍼킨스는 설교를 듣는 청자를 일곱 종류로 구분해 설명했다.

첫째, 무지하고 배우지 못한 자들이다. 설교자는 그들의 양심을 찌르고 휘저어 깨워야 한다.

둘째, 무지하나 배울 수 있는 자들이다. 이들을 위해 구원과 관련된 교리들을 신앙 전반에 어떻게 적용할지 보여주기 위해 교리문답적으로 적용을 구조화해야 한다.

셋째, 지식은 있지만, 헌신 되지 않은 사람들이다. 이들에게 회개에 이르게 하는 율법이 필요하다.

넷째, 자신들의 죄를 인식하고 심판을 두려워하는 자들이다. 그들은 복음서에 나오는 예수 그리스도의 십자가와 구원의 자비에 이르도록 적용해야 한다.

다섯째, 하나님의 은혜가 자신을 어떻게 의롭게 하고, 성화시키고 견인할지 좀 더 깊은 이해를 해야 하는 이미 믿는 초신자들이다.

여섯째, 도덕적으로 타락해 어떤 특정 죄에 사로잡혀 있는 그리스도인들이다. 그들은 회개한 자를 회복시키는 은혜에 대해 들어야 한다.

일곱째, 여러가지 특성이 섞인 자들이다. 그들에겐 적용점을 정리해 줄 필요가 있다. 모든 적용은 정통교리에 어긋남이 없이 도출되어야 한다.

물론 하나의 설교에서 모든 종류의 적용을 도출하는 것은 불가능하다.

그러나 평균적으로 청교도 설교의 절반은 적용에 대한 것이고 위에 언급한 모든 적용의 범위는 일반적인 청교도 사역에서 정기적으로 다뤄졌다. 이것은 '분별력'(discriminating)이 요구되는 작업이었다.

이와 같이 인간의 마음에 성경적인 교리를 적용하는 과정에서 청교도 설교자들은 그들의 특징적인 스타일인 분석적 철저함(the analytic thoroughness)을 보여주었다. 그들은 그리스도인으로서 삶의 경험 속에 혼탁한 동기와 흔들리는 소망이 복잡하게 존재한다는 것을 노출하려 했고 거짓된 죄들을 스스로 직면했으며 지혜의 미덕으로 가장한 그들 안에 있는 도덕적 결점과 부정직함과 싸웠다.

설교자들은 외과용 칼인 교리를 사용해 죄가 우리의 영적인 체계 안에서 배회하는 것을 감지하고 모든 형태의 악에 대항해 자기 성찰과 회개와 헌신으로 나아가도록 예수 그리스도의 은혜와 주 되심에 의지했다. 청교도주의는 무엇보다 우리가 이미 보았듯이 거룩 운동(holiness movement)이었고 설교자들은 그리스도께서 그가 구원하신 사람들을 거룩한 삶으로 부르셨다는 사실을 절대 잊지 않았다. 그들 중 한 사람인 월터 마샬(Walter Marshall)이 '성화에 대한 복음의 신비'라고 불렀던 거룩에 대한 강조는 청교도 문학 유산 전체에 차별성과 추진력을 안겨주었다.

제5장

청교도 설교의 특징

—— Puritan Portraits ——

청교도 사고방식의 기본은 하나님의 섭리로 다스려지는 세상과 한 개인에서 시작해서 그 개인이 관계하는 모든 사람의 삶에 이르기까지 하나님의 적극적인 임재를 강하게 지각하는 것이었다. 창조자가 이토록 인간의 삶에 가깝게 다가왔다는 현실 지각은 15세기 후반 서유럽에 나타나기 시작했고 확실히 16세기와 17세기 유럽 전체에 널리 퍼졌다.

이와 같은 인식 변화는 다음과 같은 격변의 결과다. 헨리 8세부터 엘리자베스에 이르는 종교개혁 기간에 300명 이상의 개신교 순교자들이 나온 것, 틴데일에서 시작하여 제네바성경을 통해 1611년 킹제임스버전에 이르는 높은 수준의 성경 번역을 통해 하나님에 대한 실제적 지식이 보급된 것이다.

그리고 주일마다 영국의 모든 교회에서 사용되었던 크랜머주의자들의 기도서에 나타난 동일한 정도로 높은 수준의 성경주의, 악인들과 영웅들의 드라마 같은 삶과 죽음의 서사인 존 팍스의 『행위들과 기념들』(Acts and Monuments, 이 책은 큰 영향력이 있었고 나중에 분량이 얇아져 『순교자열전』[Book of Martyrs]으로 출간됨)과 로마 가톨릭주의의 무장한 군대의 위협 아래 항상 투쟁의 삶을 살았던 것 등이다.

이런 요소들로부터 발생하는 공동체적인 긴장감은 모든 청교도 시대를 통틀어 영국인 삶의 표식이 되었고 청교도주의자들은 다른 사람들보다 더 정확히 그것을 느꼈던 것 같다.

또한, 앞에서 언급한 요인들과 관계성 여부를 떠나(아무도 확실히 장담하지 못했던 것 같지만), 영국 언어의 극적이고 표현력 있는 힘들은 차별성을 가진 탁월한 시인들(셰익스피어, 말로우, 스펜서, 돈, 밀턴)에 의해 부지런히 채굴되었다. 이런 언어적인 도약은 의심할 여지 없이 국경을 넘어 국가적인 삶 속에서 더욱 중요시된 관계적 민감성과 강렬함에 공헌했다.

이 공헌은 적절한 시기를 틈타 청교도의 목회적인 설교와 상담의 세계 속으로 흘러들었다. 청교도들이 하는 모든 소통은 사람들이 가능한 한 명백하고 피할 수 없이 하나님을 가깝게 직면하도록 의도한 것이다. 즉 우리를 찾으시고 스스로 노출시키시는 하나님, 심판하시며 동시에 사랑하시고, 정죄하시며 동시에 그의 아들 예수 그리스도를 통해 의롭게 하시는 하나님, 보호와 견인의 최종적인 보상을 약속하시는 동시에 우리를 주장하시고 명령하시며 어떤 경우에도 무시되지 않으시는 하나님에게 말이다.

종종 청교도 설교자의 설교 스타일을 묘사하는 데 쓰는 "평이한"이란 단어에 주목할 필요가 있다. 엘리자베스 치하 말기에 하나님을 더 영화롭게 하고 교양있는 사람들에게 적합하다고 여겨 화려한 형태의 표현과 문학적인 장식이 유행했다. 이런 유행을 따르는 대표적인 거장들은 성 바울대성당(St Paul's cathedral)의 주임사제였던 주교 랭케롯 앤드류(Lancelot Andrewes)와 런던대성당(London's cathedral)의 주임사제였던 존 돈(John Donne)이었다.

그러나 청교도들은 이런 설교자들이 자신의 영리함을 보이기 위해 사용하는 표현이 오히려 그들이 말하는 가치를 깎아내린다고 생각했다.

청교도 설교자들은 열정적인 표현을 좋아했는데 그것은 누군가의 집에 불이 났을 때 그것을 알리기 위해 그 집 문을 힘차게 두드리는 긴박함 같은 것이었다. 리처드 백스터의 「회심에 대한 논문」(*Treatise of Conversion*, 1657)이라는 글의 서문은 이에 대해 언급하고 있다.

가장 평이한 단어들은 가장 무거운 문제를 다루는데 있어 가장 최고로 유익한 수사다.
… 가난한 독자가 장식적이고 정교한 문체에 마음을 열기는 어렵다. 말쑥하고 정확하게 무게 잡은 담화를 읽거나 듣고나서 마음이 닫히지 않기도 어렵다. 왜냐하면, 그것은 문제의 소통을 막아 마음에 닿지 못하게 하고, 화려함 속에서 길을 잃게 하며, 그것을 스타일만큼이나 경박하게 보이게 만들기 때문이다.
만약 우리가 어떤 사람이 불이나 물에 떨어진 것을 본다면 우리는 격식을 갖추어 대처하지 않을 것이다. 대신 한순간도 지체하지 않고 손을 내밀 것이다. 나는 하나님이 처음 내 마음을 뜨겁게 하셨을 때 내가 새로이 기독교를 진지하게 받아들였을 때 맡았던 나의 영혼의 향기를 결코 잊지 못한다.
앤드류 주교의 설교와 비슷한 설교를 듣거나 책을 읽을 때 나는 그 안에서 어떤 생명력도 느끼지 못했고 그들이 거룩한 것들을 가지고 장난을 한다는 느낌을 지울 수 없었다. … 나에게 진정한 간절함과 함께 생명력과 빛, 무게감이 느껴졌던 것은 바로 평이하지만, 힘 있는 순전한 설교들이었다.
마찬가지로 그런 종류의 글쓰기가 내 영혼을 기쁘게 했다. 이것은 지금 나의 청자들이 누리고 있는 것과 같을 것으로 생각한다.

고백하건대, 나는 지금 옛날보다 정확함과 간결함을 더 잘 소화하며 진지함과 평이함을 동일하게 중요시한다…. 또한, 읽을 때나 들을 때 내 안에서 스멀스멀 올라오는 유머에 대해 교만한 어리석음을 대할 때와 같은 강도의 경멸을 느낀다.

무대 배우나 댄서가 병사나 왕과 다른 것처럼 말을 그럴듯하게 하는 설교자와 그리스도의 참되고 성실한 목회자는 다르다. 청중은 진지한 설교자보다 즐겁게 하는 자를 더 좋아하듯 생명과 죽음에 대한 하나님의 메시지에 주의를 기울이기보다 화려한 설교에 놀아난다.

여기서 우리는 선생, 목사, 그리스도를 위한 대사, 영적인 외과 의사, 생명의 인도자, 하나님의 전령관, 마음의 탐구자, 진리의 설득자로서 하나님을 대변하는 청교도의 이상을 보게 된다. 이것에 대해 어떤 오해도 있어서는 안 된다.

청교도의 수사학이 비록 항상 교훈적이긴 하지만, 상상력이 없고, 단정치 못하고, 지루한 것과 거리가 멀다. 청교도의 수사학은 민첩하고 활력이 넘치고, 입체적이고, 극적이고, 질서 안에서 종종 폭발적이고, 항상 시선을 사로잡고 긴급하며, 절대 지루하거나 냉랭하거나 상투적이거나 성급하지 않다.

청교도의 설교는 기억과 묵상, 토론과 적용을 위해 만들어졌다. 이것이 바로 모든 내용이 제목 아래 조심스레 정렬되고 청중은 노트에 기록하도록 격려한 이유다. 때문에 설교 내용은 제목을 필두로 신중하게 쓰여졌고, 청중은 노트에 필기하도록 독려되었다.

청교도 신앙은 하나님이 우리의 믿음과 회개, 거듭남과 거룩한 삶을 다루기 위해 우리에게 가까이 오시는 방법 중 설교를 최고로 꼽는다. 설교자들의 주해와 적용의 스타일은 설교 상황에 적합하도록 조정되어야 했다. 또한, 이 목적을 위해 설교는 가능한 날카롭고 공격적이며 기억에 남을 필요가 있었다.

종종 하나님을 설교단으로 모셔온 것처럼 느끼게 만든 강력한 설교자들이 종종 있었는데 수 세기가 지난 지금 그들의 작품을 읽을 때도 여전히 그 능력을 실감할 수 있음에 감사해야 한다. 이제 제2부로 넘어갈 준비가 다 된듯 하다.

Puritan Portraits

제2부
청교도 목사들에 관한 프로필

제1장 헨리 스쿠갈의 『인간의 영혼 속에 있는 하나님의 생명』
제2장 스테판 차녹의 『십자가에 못 박히신 그리스도』
제3장 존 번연의 『천국의 순례자』
제4장 매튜 헨리의 『종교적인 삶의 기쁨』
제5장 존 오웬의 『죄 죽임』
제6장 존 플라벨의 『마음 지키기』
제7장 토마스 보스톤의 『사람 낚는 기술』

청교도 인물사
Puritan Portraits

Puritan Portraits

몇 년 전 크리스쳔 포커스(*Christian Focus*)는 청교도들의 경건한 보물을 담은 『크리스쳔 유산 시리즈』(*Christian Heritage Series*)를 문고판으로 발간하기 시작했다. 나는 현대 기독교 독자들을 위해 그 저자와 그의 작품을 소개하고 그 가치를 언급하는 서문을 써달라고 부탁받았다. 나는 이 도전적인 과제를 받아들였다.

작품 선택은 내가 하지 않았지만, 나는 각 작품을 칭찬함과 동시에 그 책의 저자의 장점에 관한 에세이를 써서 독자들의 관심을 독려하고 그들에게 유익이 되도록 힘썼다. 각각의 서문은 아래의 책 목록에서 개별적으로 재출간되었다. 왜냐하면, 나에게는 그 내용들이 청교도 목사들에 대한 개괄적 에세이가 일반적인 용어로 다루고자 했던 것들을 놀랍도록 자세히 서술하고 묘사하기 때문이다.

서문이 원작에서 분리되어 존재할 때 그것은 당연히 어느 정도 황량하다. 내가 생각하기에 그들이 소개하는 것을 먼저 읽고, 거기에 대한 내 생각을 다시 읽는다면 그 진가를 확실히 알게 될 것이다.

그러나 그것들은 독립적으로 존재할 수 있고 내가 지금까지 언급한 것에 본질을 더할 수 있는 퍼즐의 조각과 같다. 이 시리즈는 다음과 같다.

1. 헨리 스쿠갈(Henry Scougal), 『인간의 영혼 안에 있는 하나님의 생명』(*The Life of God in the Soul of Man*).
2. 스테판 차녹(Stephen Charnock), 『십자가에 못 박히신 그리스도』(*Christ Crucified*).
3. 존 번연(John Bunyan), 『천국의 순례자』(*The Heavenly Footman*).
4. 매튜 헨리(Matthew Henry), 『종교적인 삶의 즐거움』(*The Pleasantness of a Religious Life*).
5. 존 오웬(John Owen), 『죄 죽임』(*The Mortification of Sin*).

Puritan Portraits

6. 존 플라벨(John Flavel), 『마음 지키기』(*Keeping the Heart*).
7. 토마스 보스턴(Thomas Boston), 『사람을 낚는 기술』(*The Art of Man-Fishing*), 『인생의 고난과 회개』(*The Crook in the Lot and Repentance*).

『크리스천 유산 시리즈』는 청교도 저술의 출판에 투자하기 원하는 사람들을 위해 계속 출간 작업을 할 것이다.

제1장

헨리 스쿠갈의
『인간의 영혼 속에 있는 하나님의 생명』

―――― *Puritan Portraits* ――――

조지 휫필드는 이렇게 말했다.

> 하나님이 나에게 이런 탁월한 작품을 보내주시기 전까지 참 종교가 무엇인지 나는 전혀 몰랐다.

휫필드와 같은 지명도 있는 사람이 그런 말로 어떤 책을 칭찬했을 때 간과하지 않고 주목하는 것이 우리에게 지혜다.

휫필드가 누구였는가?

그의 동시대인들이 그를 불렀던 것처럼 이 위대한 순회전도자는 다른 누구보다 선구자적인 개척자였으며 서구 기독교 18세기 부흥의 주역이었다. 이 부흥은 1백 년 이상 대서양 양 끝의 영어권 사회를 이끌었고 문자적으로 지난 두 세기 동안 전 세계에 걸쳐 복음을 전했던 복음주의 선교운동의 방아쇠였다.

신기원을 이루는 이 부흥은 많은 탁월한 지도자를 다수 배출했다. 그들 중 자신의 시대뿐 아니라 다음 세대에게 이정표적인 인물이었던 네 명의 거인을 소개한다.

조직자, 교육가, 목회적인 리더, 출판가, 변증가로서 최고였던 존 웨슬리(John Wesley), 그의 젊은 형제로서 기독교 역사에서 가장 숭고한 시인이었던 찰스 웨슬리(Charles Wesley), 미국의 가장 위대한 신학자인 조나단 에드워즈(Jonathan Edwards), 그들과 함께 한 시대 동안 1770년에 죽을 때까지 전체 부흥 운동의 핵심적인 인물로 평가받는 조지 휫필드였다.

존 웨슬리는 거듭남에 대한 메시지를 광장에서 선포하며 세계를 자신의 교구라 선언했고 사람들을 양육하기 위해 조직을 세웠다. 휫필드는 우리 시대의 빌리 그래함이나 교황 요한 2세와 견줄만한 명성을 얻으며 수많은 영혼을 얻었고 영국과 식민지 미국 전역에서 쉼 없이 그리스도를 선포했다.

웨슬레는 기독교를 인기 종교로 새롭게 했다는 평가를 받는데 이것이 영국을 프랑스 혁명과 같은 소요에서 구원했다고까지 말하는 사람도 있다. 이것이 사실이라면 휫필드는 더 큰 인정을 받아야 한다. 왜냐하면, 그의 사역은 실제로 널리 분포되어 있었고 그의 설교의 힘은 더 위대했기 때문이다.

아마 우리는 기독교 역사의 그 어떤 시대보다 참 종교를 구성하는 것이 무엇인지에 대해 불확실함이 만연한 시대에 살고 있다. 이 기본적인 문제에 대해 휫필드의 마음을 정화시켜준 이 작고 오래된 책이 우리에게도 시사하는 바가 있을 것이다.

헨리 스쿠갈의 '참 종교'(휫필드의 언어로 말하자면 순전한 기독교)에 대한 주석은 한 가지 관점에서 영국의 부흥을 처음 싹트게 한 씨앗이었다. 왜냐하면, 이 책은 웨슬레 형제와 휫필드가 처음 함께 들어간 옥스퍼드의 홀리클럽이 가장 좋아하는 책이었기 때문이다.

반세기 동안 기도와 토론, 경건 서적을 읽는 주중 모임이 교구 교회의 주일 사역을 보완하기 위해 여러 곳에 세워졌다. 홀리클럽이라고 풍자된 이 조직은 안수받은 사제이자 링컨대학의 연구원이었던 존 웨슬리가 운영했다. 이것은 옥스퍼드에 전례가 없었다는 점, 열두 명의 회원이 참 종교의 목표를 금욕주의적으로 추구했다는 점에서 차별성을 지녔다.

키 크고 잘 생기고 글루케스터(Glouchester)에서 온 말 잘하는 신입생이자 펨브로크대학(Pembroke College)의 세르비토(servitor, 자신의 학비를 충당하기 위해 하찮은 의무들을 행한 학생을 일컫는 말)였던 휫필드는 홀리클럽을 멀리서 동경했고 가입하기 원했다. 휫필드가 마음에 들었던 찰스 웨슬리는 그에게 자신이 열정적으로 탐독했던 스쿠갈의 이 책을 주었다. 명백히 이 책은 휫필드의 영혼에서 하나님을 위한 번뇌의 질문을 일으켰고, 예수 그리스도의 은혜를 통해 그에게 '몸값이 지불되었고, 치유되었고, 회복되었고, 용서받음으로써' 참으로 다시 태어났다는 확신을 갖게 해주었다.

나는 언젠가 어떤 그리스도인이 다음과 같이 증언하는 것을 들었다. '종교가 의무가 되는 것을 멈추고 기쁨이 되었을 때 나는 내가 중생했다는 것을 알았다'(휫필드도 이것을 고백했음이 분명하다). 이것이 바로 휫필드가 느낀 것이다. 안수받은 휫필드는 스쿠갈의 묘사처럼 참 신앙으로 들어가기 위해 필수적인 거듭남에 대해 설교했다. 영국의 부흥은 시작되었다. 스쿠갈이 없었다면 그것은 일어나지 않았을지 모른다.

휫필드가 스쿠갈에게서 배운 것은 정확히 무엇이었는가?

한마디로 성경적인 경건의 내적인 성격과 초자연성이었다. 스쿠갈의 증언에 어떤 차별성이 있었다는 의미는 아니다.

종교개혁 이후 다음 세기 동안 퍼킨스, 오웬 같은 영국 청교도들, 제레미 테일러(Jeremy Taylor) 같은 거룩한 삶을 산 국교회주의자들, 요한 아른트(Johannes Arndt)와 같은 루터파 경건주의자들, 이그나티우스 로욜라(Ignatius Loyola), 프란시스 드 살레(Francis de Sales), 아빌라의 테레사(Teresa of Avila), 십자가의 요한(John of the Cross) 같은 로마 가톨릭 선생들은 모두 최근 학자들이 17세기를 경건의 부흥이라고 말할 정도로 그리스도인의 내적인 삶에 관한 관심이 높았다.

그들의 연구에서 교회, 성례, 칭의, 권위에 대한 종교개혁 시대의 논쟁은 주변부로 밀려났다. 당시의 공통된 주제는 사랑과 순종의 훈련 안에서 내주하시는 성령을 통한 성자, 성부와의 교제였으며, 헌신 된 영혼이었던 스쿠갈은 『인간의 영혼 안에 있는 하나님의 생명』을 저술하기 위해 이런 풍부한 유산을 의지할 수 있었다.

또한, 이런 유산은 그가 26세라는 젊은 나이에 영적인 삶의 현실을 분석하는 비범한 권위와 성숙함, 주제에 대해 확신을 하게 도와주었다. 그가 총명하고 조숙한 인물이었다는 것과(그는 19세부터 4년 동안 에버딘 대학에서 철학 교수로 섬겼다) 경건한 목회자의 아들이자 어린 시절부터 하나님께 순응하는 심령으로 자라게 된 영적으로 유리한 양육 환경을 고려하더라도 이 같은 17세기의 지혜들이 없었다면 이 작은 고전은 만들어질 수 없었을 것이다.

스쿠갈은 짧은 인생을 살았다. 1650년에 태어나 1673년에 안수를 받고 시골 교구에서 일 년 동안 섬겼으며 설교자, 소요리문답가, 예배 인도자로서 탁월했던 거룩한 사람이었다. 1674년 그는 에버딘의 신학부 교수가 되었다. 부지런히 신학생들을 조언하고 그들에게 목회사역의 중요성을 각인시키며 책을 빌려주기도 하고 여러 면에서 도움을 줬다. 횟필드 설교의 19세기 재출간판 제목은 『다시 살아난 청교도』(The Revived Puritan)였다. 스쿠갈은 이런 묘사에 적합한 또 하나의 영국 국교회 교도였다. 그는 결핵으로 1678년에 사망했다.

스쿠갈은 선언하기를, 그리스도인들은 참 종교가 하나님과 영혼의 연합이며 신적 본성, 즉 우리 영혼에 그려진 하나님의 형상에 진정으로 참여하는 것을 경험으로 안다고 했다. 진정으로 이것은 복음에 나타난 하나님의 은혜에 적극적으로 반응하는 자발적인 에너지라는 의미에서 (생명, 곧) 내적인 하나님의 생명이다. 스쿠갈은 이것을 "내적인, 자유로운, 스스로 움직이는 원리 … 지도하고 움직이게 하는 어떤 새로운 본성"이라고 부른다.

이 생명이 형태를 입은 세 가지 근본적인 덕목으로 사랑, 순결, 겸손을 꼽았다. 이 세 가지는 믿음이 만개한 것이다.

믿음은 … 일종의 영적인 것들에 대한 인식 또는 감정적인 설득이다; 그것은 스스로 모든 신적 진리로 확장한다; 하지만 타락한 상태에 있는 우리에게 중보자를 통해 죄인들에게 베푸신 하나님의 자비 그리고 화해와 특별한 관계가 있다. 그러므로 … 이것은 일반적으로 "예수 그리스도에 대한 믿음"이라고 명명된다.

이 덕목들을 보면, 행동은 태도의 외적인 표현이며, 태도는 동기의 표현이다. 그래서 이 명제를 바탕으로 스쿠갈은 다음과 같이 세 덕목을 정의한다.

> 사랑은 기본적으로 하나님에 대한 사랑이다. 무엇보다 그분을 기쁘시게 하기를 소망하고 그분과의 교제를 무엇보다 기뻐하며 그분을 위해서나 그분이 기뻐하시는 어떤 것이든 하거나 그분을 위해 무엇이든 희생할 수 있는 준비를 해서 하나님의 완전성에 대한 애정 어린 감각을 키우는 것이다. … 그러므로 신적 사랑에 사로잡힌 영혼은 그 사랑이 모든 인류를 향해 확장된다. 이것이 바로 박애(博愛)다. … 또한, 이웃에 빚진 모든 의무를 공의와 함께 이해하게 되는데 이것은 세상을 참으로 사랑하는 사람은 남에게 잘못을 하거나 해를 끼치는 것과 거리가 멀고 타인에게 가해진 악에 대해 마치 자신에게 일어난 일처럼 반응할 것이기 때문이다.
>
> 순결함은 육신에 필요 이상의 관심을 두지 않는 것이고 열등한 욕망들을 정복하는 것이다. … 그런 기질과 마음의 경향은 그 자체로 죄악 되거나 좀 더 신적이고 지적인(그가 의미하기를 하나님 중심적이고 이성적인) 기쁨에 대한 우리의 기호를 약화시키는 모든 쾌락과 감각의 기쁨과 공상을 삼가게 한다. 더 나아가 그것들을 경멸하게 하고 또한, 그가 의무를 행할 때 아마 만나게 될 모든 고난을 감당할 굳은 결심을 준다.
>
> 따라서 이것은 자애와 절제뿐 아니라 용기와 관대함에 대한 것이다.
>
> 그리고 겸손함은 우리가 하나님의 관대하심에 빚진 자임을 인정하고 우리자신의 하찮음을 깊이 인식하는 것을 의미한다. 이것은 하나님의 뜻에 대한

심오한 순종, 사람의 칭찬과 세상의 영광에 대한 위대한 죽음을 언제나 동반한다.

스쿠갈은 마치 이것들이 지금 여기에서 순수하고 거룩한 그리스도를 닮아가는 기본적인 요소인 것처럼 '이런 자질들은 영혼 안에 놓인 천국의 근원이다'라고 말했다. 그의 책의 나머지 부분은 개인의 삶 가운데 이 세 가지를 좀 더 급진적이고 대담하게 실천하기 위한 은혜의 수단들(묵상, 기도, 주의 만찬)을 사용할 때 회개와 훈련의 습관을 개발하도록 격려하고 이런 자질들을 칭송한다.

스쿠갈은 우리의 마음속에서 시작하는 참 종교의 내적인 면에 대한 인식을 절대 잊지 않았다. 또한, 참 종교는 '저자가 하나님 자신이며 성령의 능력으로 인간의 영혼에서 역사하는 초자연적인 생산물'이라는 인식도 잊지 않았다. 따라서 우리는 그가 오늘날 그리스도인 사이에서 너무 흔한 자기 의지나 행위 중심, 피상적인 수준, 자아 중심의 삶으로 미끄러지는 것을 찾아볼 수 없다.

그는 하나님의 축복 없이 어떤 수단도 사람의 마음을 바꿀 수 없으며 개인의 변화도 일어나지 않음을 잘 알고 있다. 그는 경외할만한 균형을 가지고 변화의 길을 제시한다.

그의 주해는 명백히 그리스도 중심적이었다.

17세기 작가들처럼, 그는 실제로 기독교가 아니지만, 기독교처럼 가장하는 정통주의, 형식주의, 감정주의, 율법주의에 반대하며 하나님을 향해 전적으로 돌아서는 믿음, 믿음의 삶, 참 종교에 대해 말한다.

하지만 만약 스쿠갈이 [신약이 성령에 의한 중생이라고 보는] 그리스도인과 그리스도의 연합에 대해 상세히 설명했더라면, 만약 그가 성부 하나님을 알고, 사랑하고, 섬기고, 기쁘시게 하고, 공경하고, 영화롭게 하시는 성자예수님의 열정이 죄인들 안에 심겨져서 그 결과로 이것이 그들 자신의 열망이 되게 하시는 부활하신 구세주와 하나 된 삶을 설명했더라면, 하나님과 인간을 섬길 때 예수님의 목표와 터도를 모방하는 것이 중생하지 않은 사람에게 도저히 불가능할 정도로 어렵지만, 중생한 사람에게는 가장 자연스러운 삶의 길임을 보여줬더라면 그의 작은 논문은 더욱 강력했을 것이다.

이와 같이 '인간이 어떻게 하나님의 생명을 얻는지' 혹은 '하나님의 생명이 어떻게 인간에게 주어지는지'에 대한 스쿠갈의 답변은 인간 영혼 안에 존재하는 하나님의 생명에 대한 그의 개요에 비해 불완전하다. 이것이 한계다.

하지만 마음의 변화를 위한 은혜의 수단들에 대한 스쿠갈의 설명은 매우 탁월하다. '세속적인 즐거움의 헛됨과 공허함,' 기독교의 진리, 우리 주 예수 그리스도의 구원에 나타나는 하나님의 사랑에 대한 묵상이 특히 뛰어나다. 아직 변화되지 않은 마음이 마치 변화된 것처럼 행동의 습관을 형성하라는 권면도 훌륭하다. 이것은 위선과 다른 것이다.

스쿠갈은 내적인 새로움을 구하는 우리의 마음이 진지하고 열정적이라는 증거를 하나님께 보여줄 필요가 있다고 말한다. 왜냐하면, 신실함은 하나님이 우리의 기도에 응답하시는 조건으로 정규적으로 요구하시는 어떤 것으로 나타나기 때문이다.

하지만 이런 강조점들은 살아계신 그리스도를 바라보고 믿고 신뢰하며 우리가 그의 것이고 그는 우리의 것임을 알 때까지 그를 기다리는 것에 대한 구체적인 지침들과 연결되어야 한다.

이런 지침들은 휫필드의 경우에는 그가 전하는 수천 개의 복음적인 메시지의 절반을 차지하고 있다. 여기서 스쿠갈이 구체적인 지침을 생략하고 있는 것은 마치 우리 안에서 경건이 자연적으로 성장해 꽃 피울 수 있다는 인상을 남겼는데 이것은 명백한 오점이다. 마무리하기 전에 휫필드가 스쿠갈에게 받았다고 증언한 것을 조금 더 인용할 필요가 있다. 이것은 그의 생애 마지막 해에 선포한 설교에서 발췌한 것이다 그가 설교할 때 받아 적은 것으로 그 후 수정은 없었다.

나는 열여섯 살에 금식을 시작했다. 일주일에 두 번씩 36시간 동안 금식했다. 하루에 여러 번 기도시간을 가졌고 주일마다 주의 만찬에 참여했다. 사순절에는 40일 동안 거의 죽을 만큼 금식했고, 공 예배는 하루 세 번 이상 참석하는 것을 원칙으로 삼았다. 또한, 하루 일곱 번 개인기도 시간을 가졌다.

하지만 나는 하나님 안에서 다시 태어나야 한다는 것을 알지 못했다. 그리스도 안에서 새로운 피조물로 태어나야 한다는 것을 알지 못했다….

나는 나의 오랜 친구인 찰스 웨슬리에게 간증해야 한다. 그는 나에게 『인간의 영혼 안에 있는 하나님의 생명』이라는 책을 주었는데, 이 책은 내가 다시 태어나야 한다는 것과 그렇지 않으면 심판 받는다는 것을 보여주었다.

나는 그곳을 안다. 아마 미신적으로 들릴 수 있겠지만, 나는 옥스퍼드에 갈 때마다 예수 그리스도께서 처음으로 나를 만나주시고 새 생명을 주셨던 그곳으로 달려가지 않을 수 없다.

… 내 심장은 마치 자신의 파산과 직면하기 싫어 경리 장부를 확인하기 두려워하는 사람처럼 떨고 있었다.

이 책을 태워버릴 수 있을까?

던져 버릴 수 있을까?

덮어버릴 것인가 아니면 탐독할 것인가?

나는 책을 탐독하기 시작했다. 나는 그 책을 손에 쥐고 하늘과 땅의 하나님께 말했다.

주여, 제가 크리스천이 아니라면, 제가 진짜 크리스천이 아니라면, 예수님을 위해 하나님이시여, 제게 기독교가 무엇인지 보여주소서. 그래서 제가 마침내 정죄 받지 않게 하소서.

나는 조금 더 읽었다. … 오, 저자는 말하기를, 종교는 우리 마음속에 있는 하나님의 아들과 생명같이 연합하는 것이라고 했다. 오, 그때 생명의 빛이 나의 영혼 속으로 들어왔다. … 그 시간부터 하나님은 나의 영혼에 그분의 축복 된 작업을 행하기 시작하셨다.

55세가 된 지금 … 나는 나의 형제들에게 말한다. … 나는 이것이 하나님의 진리며, 이것 없이 당신은 절대 예수 그리스도에 의해 구원받지 못한다는 것을 점점 더 확신한다.

이렇듯 하나님은 훗날 깨우는 자(the awakener)로 알려진 사람(휫필드)을 깨우도록 스쿠갈을 사용하셨다. 오늘날에도 스스로 그리스도인이라 부르는 몇몇 사람은 깨어날 필요가 있다. 만약 그들이 이 17세기 말의 수사학을 주의 깊게 읽는다면 스쿠갈이 하나님 안에서 가져다주시실지도 모를 영적인 각성이 필요하다.

스쿠갈의 책을 통해 참 그리스도인들은 자기 기간으로 인하여 변화되지 않은 사람은 아직 그리스도인이 아니라는 사실을 직면하는 건강한 깨우침을 얻게 될 것이다. 대개 그러한 자기를 기단하는 사람은 이 사실을 들을 필요가 있음을 인식하지 못하기 때문에 스쿠갈의 말씀은 그들의 마음을 준비시켜 줄 수 있을 것이다. 위의 인용문들을 말했을 때와 비슷한 시기에 휫필드는 다음과 같은 말도 했다.

시온에 있는 죄인들, 세례(침례)받은 이교도들, 교수지만 영생을 소유하지 않은 사람들, 형식주의자들, 믿는 것 같지만 실제로는 안 믿는 불신자들, 그리스도에 대해 말하고 은혜에 대해 말하며 자기 신조에 정통해도 삶은 이단인 당신은 돌아서라. 당신은 돌아서라.

… 주께서 당신을 예수 그리스도께 돌아오도록 돕고 안에서부터 밖으로 변화시키시며 당신의 죽은 영혼을 일으키시길!

측은한 눈으로 서 계시고 팔을 펼치시는 주님을 당신이 영접하도록 축복하시기를.

당신은 예수님과 함께 길을 갈 것인가?

당신은 그리스도를 받아들일 것인가?

당신은 이제 진짜로 살기 시작할 것인가?

하나님, 아멘이라고 말하게 하소서. 분노가 아니라 사랑으로 지나가소서. 예수님, 이렇게 말씀하소서. 죽은 죄인들아, 예수 그리스도께 나오라, 믿음의 삶을 살라, 비전의 삶을 살라고 말씀하소서. 아멘

제2장

스테판 차녹의 『십자가에 못 박히신 그리스도』

―――――― *Puritan Portraits* ――――――

　기독교의 핵심은 역사적이고 영원하며 피할 수 없는 예수 그리스도의 실제다. 그는 삼위일체 하나님 중 성자 하나님이시며, 모든 인간을 심판하실 미래의 재판관이자, 복음의 선포에 의하면 그를 따르는 모든 자에게 구원자요, 구속자요, 친구라 하였다.

　다음의 사실은 분명히 해두자. 예수님의 성육신, 십자가와 부활, 그의 통치와 재림을 인정하지 않는다면 기독교라고 할 수 없다. 자유주의자들이 교회 안팎에서 어떤 이의를 제기하든 말이다.

　다시 말하건대, 기독교의 핵심은 십자가에 못 박히신 그리스도에 대한 개념적이면서 관계적이고, 객관적이면서 인격적인 지식이다. 이것은 머리와 가슴 모두에 관련되고, 새로운 충성, 새로운 사랑, 새로운 삶을 잉태하는 지식이다. 이것은 청교도 스테판 차녹이 이제 내가 소개하려는 작품에서 다루고 있는 주제이기도 하다. 이 지식이 없이는 기독교인이라고 할 수 없으며 이것을 인식하지 못하는 것은 혼동 그 자체다.

　3세기 전, 명목상 기독교 국가였던 영국에서 사역한 차녹은 내가 방금 언급한 입장에 대해 일반적인 동의를 기대할 것이다. 하지만 이것은 오늘날의 기독교 소통자(Christian communicator)들은 감히 할 수 없는 것이다. 거리에서 만나는 사람들은 기독교를 구원에 대한 기쁜 소식이 아니라 도덕 규범으로, 예수님을 살아계신 구원자가 아닌 과거에 살았던 선생으로, 영적 삶을 자기 계발을 위한 뉴에이지적 묵상으로, 종교적 헌신을 이러한 종류에 관심이 있는 사람들을 위한 취미쯤으로 여긴다. 우리는 모두 하나님의 현존 안에서 산다는 것과 언젠가 우리가 살아온 인생에 대하여 그에게 대답해야 한다는 것, 우리의 인간성이 죄로 인해 너무나 망가져 버려서 마치 뇌종양을 앓는 사람이 외과 의사를 필요로 하듯, 우리는 구원자가 필요하다는 것을 대부분 사람은 진리로 여기지 않는다.

이러한 풍토 속에서 기독교인들이 자신이 믿는 믿음의 핵심 요소들에 대하여 불분명하고 불확실한 것은 이상한 일이 아니다. 그러므로 우리는 더욱 차녹에게 귀 기울여야 한다. 그는 모든 청교도 중에서 단도직입적으로 말하기로는 가장 딱딱하고 사무적인 사람이다.

차녹은 청중들이 이 주제에 관심이 있으므로 기꺼이 그의 말에 집중할 것을 가정하고 말한다. 그의 시대에는 [그의 첫 번째 편집자들이 우리에게 말해주듯이] '능력 있는 목회자들이' '그의 발 아래 앉기를 열망할 정도였다. 왜냐하면, 그들은 차녹의 단 한 번의 설교에서 다른 사람들의 많은 책과 설교에서는 얻지 못하는 교훈들을 얻을 수 있었기 때문이다.'

하지만 오늘날의 대중 매체는 차녹의 문단처럼 농축된 것을 전하려고 하지 않는다. 진지한 관심을 기울이지 않는다면, 독자들은 금새 흥미를 잃을 것이다. 아마도 내가 당신이 차녹의 글을 읽는 동안 흥미를 잃지 않도록 도울 수 있을지도 모르겠다. 내 작전이 통하지 않는다고 하더라도 이것은 나의 노력의 부족 때문은 아닐 것이다. 먼저 차녹에 대해서 좀 더 말해 보겠다.

1. 스테판 차녹(Stephen Charnock, 1628-1680)

런던에서 태어나고 1640년대에 케임브리지대학에서 거듭난 차녹은 전도유망한 사람으로, 1655년 올리버 크롬웰의 아들이자 아일랜드의 총독이었던 헨리의 사제로서 더블린에 가게 되었다. 거기서 그는 설교자로서 대단한 명성을 얻었다. 하지만 왕정복고로 인하여 아일랜드에서의 사역은 끝이 났고, 훗날 토마스 왓슨과 함께 런던 크로스비 홀(Crosby Hall)에서 엘리트 비국교도 회중의 목회자로 부름을 받을 때까지 공식적인 임무를 갖지 못했다. 이 사역은 1675년부터 그가 죽은 해인 1680년까지 5년 동안 지속하였다.

매우 학구적이었으며 미혼남이기도 했던 차녹은 하루 12시간씩 주 5일을 연구에 할애했으며 그가 설교할 모든 것을 글로 작성했다. 그는 크로스비 홀에서 완전한 조직적 실천 신학(systematico-practical theology)을 설교할 생각을 품었던 것 같다.

하나님의 존재와 속성(60만 단어 이상이고 1864년에 나온 전집은 조금 작은 크기로 1천 쪽에 달함)에 대한 그의 거대한 미완성 담화는 그 출발에 불과했다(그는 하나님의 자비와 은혜와 선하심에 대한 글을 구상하다가 죽은 것으로 전해진다).

이 담화들은 방대한 양의 청교도 설교다. 각각은 하나의 본문 위에 세워지며 전형적인 청교도 방식의 교리, 논증(주해와 변호), 적용으로 전개되는데 전부 설교하려면 몇 시간이 걸렸을 것이다.

아마도 차녹은 실제로 이런 방식으로 설교했을 것이고, 이것은 그가 크로스비 홀에서 감퇴하는 기억력과 시력 때문에 더블린에서처럼 원고 없이 말하는 대신 돋보기로 설교 원고를 한 글자씩 읽었다는 사실과 함께 왜 많은 사람이 사상을 쉽게 다루는 그의 주요 강점에도 불구하고 그를 무겁고 버겁게 느끼는지 설명해 준다.

하지만 그리스도의 죽음에 대한 그의 짧은 논증은 매우 간결하게 전개되기 때문에 주의 깊은 독자라면 좌절하지 않을 것이다.

2. 그리스도의 십자가

나는 처음부터 예수님의 성육신, 십자가와 부활, 그의 통치와 재림을 인정하지 않으면, 또 십자가에 못 박히신 그리스도에 대한 개인적 지식을 강조하지 않으면 기독교가 아니라고 말했다. 이러한 나의 대담한 발언은 신약의 언어로 기독교를 정의한 것이다. 왜냐하면, 신약에서는 그리스도의 십자가를 복음의 지지대로 우리와 같은 죄인들이 하나님과 화해하고 하나님의 능력을 통해 우리의 원대한 꿈을 능가하는 영광의 길을 열어준 사건으로 강조하기 때문이다.

복음서는 무엇이 그리스도를 십자가에 못 박히게 했는지 우리가 이해할 수 있도록 자세하게 소개한다. 마태, 마가, 누가, 요한 등 네 명의 유능한 저자들은 생생하고도 날카롭게 십자가 이전의 사건과 이후의 부활을 훨씬 능가하는 강도로 십자가 사건을 이야기한다. 결과적으로 그들은 예수님의 고난을 각 복음서의 진정한 절정으로 기술한다.

계시록의 주제는 십자가에 못 박히신 주님의 이중적 승리다. 즉 우리를 위하여 피를 흘리셨던 초림과 만물을 새롭게 하는 그의 재림 말이다. 또한, 제자도에 관한 서신서에서도 십자가는 믿음(즉 믿음과 신뢰)과 행위(즉 동기와 행동)에 관한 모든 훈계적 가르침의 핵심이자 기본이다.

구체적으로 짚어보자. 십자가는 사도적 복음의 부담이다('우리는 십자가에 못 박히신 그리스도를 설교한다'[고전 1:23; cf. 1:18; 2:2]). 십자가는 은혜에 대한 하나님의 영원한 계획의 중심이다(' 당신을 위하여 마지막 시대에 계시된 … 창세 전에 선택된 어린양 그리스도의 보배로운 보혈로 … 당신은 구원받았다'[벧전 1:18-20; cf. 요 3:16 f; 10:14-18; 갈 4:4 f]).

십자가는 죄인들을 향한 하나님의 진노를 진정시키고('십자가에서 흘리신 보혈을 통하여 화평을 이루는'[고전 1:20; cf. 엡 2:18-20]) 우리의 현재의 칭의와 입양을 보증하며, 하나님의 상속자들로서 미래의 희망을 보장하는('그러면 이제 우리가 그의 피로 말미암아 의롭다 하심을 받았으니 더욱 그로 말미암아 진노하심에서 구원을 받을 것이니'[롬 5:9]; '자기 아들을 아끼지 아니하시고 우리 모든 사람을 위하여 내주신 이가 어찌 그 아들과 함께 모든 것을 우리에게 주시지 아니하겠느냐'[롬 8:32]). 우리 죄를 위한 희생이다('성경에 의하면 그리스도는 우리의 죄를 위해 죽으셨다'[고전 15:3]). 십자가는 중재자로서의 적극적 대응으로(그리스도의 고난은 실제로 그의 행동을 수반했기 때문이다) 이것은 구원의 역할을 감당한 그를 구원의 저자이자 구원하는 믿음의 적절한 대상이 되게 했다('이제 내가 육체 가운데 사는 것은 나를 사랑하사 나를 위하여 자기 자신을 버리신 하나님의 아들을 믿는 믿음 안에서 사는 것이라'[갈 2:20]; '그의 보혈에서 믿음을 통하여'[롬 3:25]).

십자가는 예수님이 시행하신 두 가지 성례전적 의식들로 나타나는 실제다('그의 죽으심과 합하여 세례[침례]를 받은 … 그러므로 우리가 그의 죽으심과 합하여 세례[침례]를 받음으로 그와 함께 장사되었나니[롬 6:3-4]; 이것은 너희를 위하는 내 몸이니 … 이 잔은 내 피로 세운 새 언약이니 이것을 행하여 마실 때마다 나를 기념하라 하셨으니[고전 11:24-25]).

십자가는 자신을 내어주는 사랑과 자기를 부인하는 겸손의 본을 보여준다(그리스도께서 너희를 사랑하신 것 같이 너희도 사랑 가운데서 행하라[엡 5:2]; 그가 우리를 위하여 목숨을 버리셨으니 우리가 이로써 사랑을 알고 우리도 형제들을 위하여 목숨을 버리는 것이 마땅하니라[요일 3:16]; 사람의 모양으로 나타나사 자기를 낮추시고 죽기까지 복종하셨으니 곧 십자가에 죽으심이라[빌 2:8]).

십자가는 성별(聖別) 된 섬김과 경건을 요구하고 촉발한다(너희는 너희 자신의 것이 아니라 값으로 산 것이 되었으니 그런즉 너희 몸으로 하나님께 영광을 돌리라[고전 6:19-20]; 그리스도의 사랑이 우리를 강권하시는도다 … 한 사람이 모든 사람을 대신하여 죽었은즉 … 그가 모든 사람을 대신하여 죽으심은 살아 있는 자들로 하여금 다시는 그들 자신을 위하여 살지 않고 오직 그들을 대신하여 죽었다가 다시 살아나신 이를 위하여 살게 하려 함이라[고후 5:14-15]).

십자가는 적대와 고통 가운데 있을 때 인내의 모델이 되어준다(그리스도도 너희를 위하여 고난을 받으사 너희에게 본을 끼쳐 그 자취를 따라오게 하려 하셨느니라[벧전 2:21; cf. 히 12:2 f]).

더 살펴볼 수도 있겠지만 여기까지만 봐도 핵심은 충분히 명백하다. 그리스도를 신뢰하고 사랑하고 따르기 위해서는 언제나 십자가를 바라볼 필요가 있다. 살아계신 주님은 우리에게 냉철하면서도 온 맘을 다하는 십자가의 제자도를 요구한다.

> 그러나 내게는 우리 주 예수 그리스도의 십자가 외에 결코 자랑할 것이 없으니 그리스도로 말미암아 세상이 나를 대하여 십자가에 못 박히고 내가 또한 세상을 대하여 그러하니라(갈 6:14).

십자가가 우리의 믿음을 형성하고 따라서 우리 삶 전체를 개조하게 해야한다.

3. 십자가에 못 박히신 그리스도를 송축함

차녹의 주해는, 비록 분명하고 깊이가 있지만, 때때로 차갑고 건조해 보인다. 이것은 그의 스타일이 매우 분석적이고 생각의 흐름이 매우 민첩하여, 주해를 쓰는 것이 아니라 주해를 쓰기 위해 메모하듯이 간결하게 말하기 때문이다.

그의 압축 능력은 경탄을 불러일으킬 만하지만, 그가 기술한 지혜와 진리가 우리의 마음에 잘 와닿지 않을 수도 있다. 그의 초상화가 그를 뼈만 앙상한 사람으로 묘사하듯, 그의 글은 그의 생각이 뼈대만 있다는 것을 보여준다. 마치 그 앙상한 생각의 뼈에 살을 붙이고 정리해서 마음에 닿게 만들어야 할 사람은 본인이 아니라 우리라고 여기듯이 말이다.

청교도의 이상은 '실제로 마음이 따뜻하고 경건한' 사람이 되는 것이다. 이것은 생각이 분명하고 마음이 강인하며 양심이 바른 사람을 의미한다. 차녹은 생각을 분명하게 하는 데는 누구보다 강하다. 하지만 상상력을 자극하고 마음을 감동을 주는 능력은 떨어진다.

그가 삶의 감정적인 영역에 대해서는 거의 관여하지 않았기 때문에 사람들은 그의 설교가 '도덕과 형이상학'만 다룬다고 불평한다. 이것은 그의 설교가 복음적 교리를 너무 적게 담고 있기 때문이 아니라, 너무 많이 너무 빽빽하게 담고 있기 때문이다.

명백하게 그는 복음의 진리를 각색하고 내면화하는 것은 청자가 개인적 묵상을 통해 할 일이지 그가 강단 위의 미사여구를 통해서 해야 할 것으로 생각하지 않았다.

여기서 그는 십자가에 못 박히신 그리스도를 주제로 다루며 다음과 같은 것들을 연이어 숙고한다.

① 십자가를 명하신 아버지의 주권과 사랑과 공의
② 십자가를 견디신 아들의 존엄과 자발성과 고통
③ 십자가로부터 흘러나오는 하나님과의 새로운 관계
④ 십자가에 못 박히신 그리스도를 아는 지식이 우리 안에서 불러일으키는 감사와 기쁨, 더욱 확대된 회개와 믿음, 하나님께 나아가는 담대함, 삶의 목적으로서의 거룩함과 삶을 지탱시키는 '위로'(격려)

갈보리에서의 대리적 형벌(penal substitution)에 대한 개혁주의와 청교도의 이해는 명백하면서도 단순하게 표현된다. 하지만 이것은 건조하고 딱딱한 처방이라 스스로 소화할 필요가 있다.

어떻게 하면 좋을까?

나는 다음과 같이 제안한다. 차녹을 읽기 전에 다음 세 편의 찬송가 가사를 묵상하라. 각 찬송가는 신자들의 마음에 깊은 감동을 줄 만한 십자가에 못 박히신 그리스도에 대한 지식을 담고 있다. 이 찬송가들이 본래의 의도대로 당신의 마음을 움직이게 할 것이다.

첫 번째 찬송가는 후기 청교도인 아이작 왓츠(Isaac Watts)의 것이다. 이것은 널리 알려져 있다.

주 달려 죽은 십자가
우리가 생각할 때에
세상에 속한 욕심을
헛된 줄 알고 버리네

죽으신 구주 밖에는
자랑을 말게 하소서
보혈의 공로 힘입어
교만한 맘을 버리네

못 박힌 손발 보오니
큰 자비 나타내셨네
가시로 만든 면류관
우리를 위해 쓰셨네

온 세상 만물 가져도
주 은혜 못다 갚겠네
놀라운 사랑 받은 나
몸으로 제물 삼겠네

두 번째 찬송가도 역시 아이작 왓츠의 것이다. 이것은 덜 알려졌지만 좀 더 비통하다.

웬 말인가 날 위하여
주 돌아가셨나?
이 벌레 같은 날 위해
큰 해 받으셨나

내 지은 죄 다 지시고
못 박히셨으니
웬일인가 웬 은혠가
그 사랑 크셔라

주 십자가 못 박힐 때
그 해도 빛 잃고
그 밝은 빛 가리워서
캄캄케 되었네

나 십자가 대할 때에
그 일이 고마워
내 얼굴 감히 못들고
눈물 흘리도다

늘 울어도 눈물로써
못 갚을 줄 알아
몸 밖에 드릴 것 없어
이 몸 바칩니다

세 번째 찬송가는 만세반석 열리니(Rock of Ages)의 작사가인 18세기 복음주의자, 아우구스투스 탑레이디(Augustus Toplady)의 것이다. 이것은 현대 기독교 세계에서는 전혀 알려지지 않은 것으로 모든 중생한 사람들이 만나게 될 자기 의심과 내적 공포를 다루고 있다.

이 두려움과 불신은 왜일까?
내 죄를 대신해 흠 없는 아들이
죽임을 당하셨네
의로우신 재판장이
내 죄를 정죄하시나?

주께서 이미 대속하셨네.
완전한 속죄
완전한 빚 청산
하지만 이 진노는 왜일까?
당신의 의로우심을 피난처로
보혈의 능력으로
나를 해방하시고
나 대신 모든 진노를
감당하셨네

죗값을 두 번 묻지 않으시네
주께서 감당하신 것을
나에게 다시 묻지 않으시네
내 영혼아 주의 안식에 거하라

대제사장의 슬픔은

나를 자유케했네
그의 보혈 때문에
두려워 할 것 없네
예수님이 나를 위해 죽으셨기 때문에

  이제 이 가사들을 묵상함으로써 당신의 마음과 생각에 확고하게 자리 잡은 십자가의 소중함을 가지고 차녹을 읽으라. 묵상을 통해 얻게 된 스스로에 대한 낮은 마음과 성부와 성자 하나님을 높이는 마음의 근간이 되고 정당화시키는 완전하고 철저한 신학을 기대하면서.
  당신은 질서 있게 나열된 차녹의 문장들이 당신이 느끼고 있는 것을 분명히 하고 뒷받침함으로써 당신의 마음속에서 환하게 밝혀지는 것을 경험하게 될 것이다.
  차녹의 나눔 중 당신에게 특별히 감동을 주는 것에 대해 찬송가 저자들은 뭐라고 했는지 하나님의 임재 속에서 확인하면서 다시 한번 가사들을 음미하며 마무리하라. 이것은 제안에 불과하며 꼭 따르지 않아도 된다. 하지만 이것을 시도하지 않고 차녹이 건조하다고 비난하지는 말라. 이것이 내가 부탁하는 전부다.

제3장

존 번연의 『천국의 순례자』

―― Puritan Portraits ――

사진기가 아직 발명되지 않았던 17세기에는 전문적 예술가들에 의해 출생이나 성취로 인한 사람들의 신분적 차별성이 정기적으로 그려지거나 조각되었다. 상상력이 풍부한 예술가들은 그들이 그리는 대상을 다르게 해석한다. 그 결과 동일 인물에 대한 초상화는 놀랄 만큼 다양하다. 현존하는 번연의 두 점의 초상화도 그렇다.

런던의 국립 초상화 갤러리에 걸려있는 토마스 새들러(Thomas Sadler)의 초상화는 1685년 당시 56세의 번연을 그렸다. 이 초상화에서 번연은 설교할 때 입는 옷을 입고 손에는 성경책을 들고 있으며 조금은 긴장한 모습으로 매우 심각하고 결단력 있게 보인다. 사실 그는 거의 얼굴을 찡그리고 있다.

당신은 이렇듯 적용과 훈계의 방식으로 설교를 준비하며 당신을 바라보고 있는 번연이 말씀의 전달자답다고 느낄 것이다.

하지만 같은 시기에 로버트 화이트(Robert Whilte)가 연필로 그린 번연의 초상화가 있다. 화이트는 공감력 있게 초상화를 그리는 재능이 있었다고 한다. 화이트의 번연은 새들러의 번연처럼 우리를 바라보고 있다. 하지만 매우 다른 방식으로 말이다.

번연은 여유 있고 다정다감하고 살짝 웃음 짓고 있는, 하지만 어느 정도 내향적이고 그 자신 안에 평화를 가진 대단한 정도의 내적인 삶을 가진 사람, 그가 보고 아는 것을 나눌 준비가 된 사람으로 있다.

두 초상화 모두 천로역정이 그를 유명인사로 만든 시절에 등장한 것이다. 아마 화이트가 번연을 너무 잘 생기게 묘사했다면 새들러는 그를 너무 무뚝뚝하게 그려냈다.

하지만 그를 보는 두 가지 방식 모두 진실이 있다. 그의 설교적인 저술들은 참으로 긴장감 있고 날카롭다. 의심의 여지 없이 그의 설교도 그러했다. 반면, 알레고리적이고 우화적인 경향의 천로역정과 그의 다른 작품들은 엉뚱하고 재치 있고 때로 순전히 코믹하다. 존 번연에게는 이런 두 가지 면이 있다. 존 번연은 이같이 신실한 목회자이면서 매력적인 사람이었다.

번연은 출생이 화려한 사람이 아니었다. 오히려 그 반대다. 그의 조상들은 대대로 놋 갓장이(brazier, 놋 갓장이는 놋그릇을 만드는 일을 업으로 하는 사람 - 편집자 주)였고, 그는 베드포드 마을 밖 69가의 작은 집으로 구성된 마을인 엘스토우(Elstow)에서 금속업자의 아들로 태어났다. 그는 읽고 쓰는 법을 배우기 위해 학교에 입학했다. 하지만 곧 자퇴하고 그의 아버지의 일을 배우게 된다. 번연의 미래의 계획은 의심의 여지 없이 죽을 때까지 아버지의 가게에서 일하는 것이었다.

1644년, 그가 16살이 되었을 때 그의 어머니와 누나가 죽었고 아버지는 재혼했으며 그는 2년 반 복무를 위해 의회 군대(Parliamentary army)로 징병되었다. 그가 엘스토우로 돌아왔을 때 여전히 청소년기였던 '참전용사'는 가게에 정착하기보다 독립하기를 더 바랐다.

그는 결국 땜장이(tinker, 떠돌이 금속업자)가 되어 결혼했고 가난했으며 1660년, 감옥에 갇힐 때까지 가난을 벗어나지 못했다.

떠돌이 인생이던 그는 잠재적으로 도주하는 예술인이었고, 예수님 시절의 목동처럼, 또 우리 시대의 부랑자처럼 기피 대상이었다. 또한, 땜장이는 부자가 될 수 있는 직업도 아니었다. 이것은 번연의 진로에서 전도유망한 시작이 아니었음을 말해준다.

하지만 인생 말엽, 그는 유명인이 되었다. 그는 계속되는 인기 도서, 『천로역정』의 저자였다. 또한, 그는 자신이 목회했던 베드포드와 런던 등지에서 수백, 수천의 군중을 대상으로 설교하는 인기 설교자였다. 그의 친구 존 오웬은 찰스 2세에게 말하기를, 번연처럼 설교하는 능력을 얻을 수만 있다면 자신의 모든 학식을 기쁘게 포기하겠다고 했다.

번연은 그의 등 뒤에서 '번연 주교'로 불렸다. 또한, 당대 최고의 예술가 중 두 사람이 그의 초상화를 그렸다. 그는 한 마디로 출세했다. 이 여정의 발전은 세 시기로 나뉘어 이야기 할 수 있다.

1. 1648-1660년은 번연을 발견하는 시기였다

첫째, 훗날 그가 『죄인 중 괴수에게 넘치는 은혜』(*Grace Abounding to the Chief of Sinners*)라는 책에서 시간순으로 나열한 5년의 방황 시기에 하나님과 화평하게 된 것을 발견했다.

번연의 영적인 탐구는 어떤 경건한 남성의 딸과 결혼했을 때부터 시작되었다. 그녀의 결혼 지참금은 두 권의 청교도 서적이 전부였다. 아서 덴트(Arthur Dent)의 『평범한 사람이 천국에 가는 길』(*Plain Man's Pathway to Heaven*), 루이스 베일리(Lewis Bayley)의 『경건의 연습』(*Practice of Piety*)이 그것이다.

번연은 교회에 출석하기 시작했고, 맹세하기, 춤추기, 무례하게 굴기를 멈췄고 성경을 읽기 시작했다. 또한, 베드포드에 있는 어느 교회에서 가난한 중생한 여인들을 만났는데 그들을 통해 침례교 목사인 존 기포드(John Gifford)를 알게 되었다.

루터의 갈라디아서 주석은 그에게 하나님 중심, 십자가 중심의 삶을 가르쳐주었고, 2년 동안 자신의 죄를 두려워하며 지내다가 1653년, 마침내 오우스 강에서 기포드로부터 침례를 받았다.

둘째, 그는 강단 사역을 위한 자신의 은사를 발견했다. 번연은 베드포드 교회의 회원들과 훈련을 받았으며 작은 모임에서 간증도 하고 성도들을 격려하면서 1656년에 평신도 설교자로 정식 임명되었다. 그때부터 그는 많은 사람의 인정을 받으며 마을의 사역을 이어갔다.

그의 말씀은 항상 복음 전도적이었다.

> 나는 나의 영혼이 영적인 각성과 회심의 사역을 가장 원하고 있음을 깨닫는다.

셋째, 그는 기독교 문학 집필에 은사가 있음을 알게 되었다. 그는 논쟁서로 시작했다. 『계시 된 복음 진리들』(*Some Gospel Truths Opened*, 1656)과 『계시 된 복음 진리에 대한 변호』(*A Vindication of … Some Gospel-Truths Opened*, 1657)는 퀘이커 주의에 반대하는 내용이다.

『지옥의 몇 가지 표징』(*A Few Sighs from Hell*, 1658)과 『계시 된 율법과 은혜의 교리』(*The Doctrine of the Law and Grace Unfolded*, 1659)가 다음으로 출간되었다. 분석과 논쟁에 관해 탁월한 능력을 갖춘 번연은 시작부터 뒤도 돌아보지 않고 명료하고 빠른 저술 활동을 했다. 그는 쓰고 또 썼다. 인생의 마지막까지 2백만 단어에 이르는 60여 개의 길고 짧은 논문책을 써냈다.

2. 비국교도로 베드포드 감옥에 갇혔을 때가(1660-1672년) 번연에게 불명예스러운 시간이었다

지방의 행정관들은 새롭게 복고 된 왕정과 거의 복고 된 영국 국교회의 신하들로서 자신들의 권위를 세우고자 열망했다. 그들은 이것을 위해 베드포드셔의 가장 유명한 설교가가 비국교도 모임에서 설교하지 않기로 약속한 것을 거부하는 체제 전복적인 인물이라 고소하고 투옥하여 좋은 본보기로 삼기로 했다. 난방이 없는 감옥에서 번연은 지푸라기 더미 위에서 잠을 잤다.

하지만 그는 감옥에서 꽤 건강했으며 활기를 유지하고 집필활동도 했다. 또한, 그의 아내와 아이들을 지원하기 위해 그는 긴 꼬리가 달린 실로 된 레이스 수백 개를 만들어 팔았다. 영적인 권위의 사람으로 널리 인정받았던 그는 방문객을 상담했고 수감자에게 정기적으로 설교했으며 때로 임시 석방되어 설교했다.

1672년, 마침내 그는 찰스 2세의 선고로 석방되었다. 교회는 그 직전에 정식으로 그를 목사로 임명했다. 그의 목회사역은 죽을 때까지 이어졌다.

3. 1672-88년은 설교자와 저술가로서 번연에게 특별한 시기였다

감옥에 있는 동안 집필을 시작했던 것으로 추정되는 『천로역정』은 1678년 출판되었는데 마치 따끈따끈한 케이크처럼 잘 팔렸다.

『악인씨의 삶과 죽음』(The Life and Death of Mr Badman, 1680), 『거룩한 전쟁』(The Holy War, 1682), 『천로역정 2부』(1684)는 그 이전의 수백 명의 청교도에게 잘 알려졌으며 설교 형식으로 쓰인 경건한 논문이자 평범한 사람의 삶에서 복음적인 닻을 내리는 다양하고 생생하며 변증적이고 – 우화적이고 – 알레고리적인 이야기로, 저술가로서의 번연의 위치를 확고히 했다.

30년 동안 번연의 펜에서 탄생한 60권의 책은 여전히 읽을만한 가치가 있다. 그리스도인의 삶의 청교도적인 이해에 관한 완벽한 그림을 이용한 색인(pictorial index)이며, 동시에 번연의 최고작인 『천로역정』에 대해 좀 더 말해야겠다. 세속적인 연구는 줄거리의 진행과 인물들의 상호작용이 뛰어나다는 이유로 이 책을 영국 소설의 출발점으로 본다.

하지만 번연 자신은 이 책을 가르치는 도구로 보았다. 즉 번연에게 이 책은 일반인에게 경건의 길을 설명하는 교훈적인 우화다. 이 책은 경건과 그 반대가 무엇인지 (번연의 표현으로) '계몽시키는 일련의 비유들'이며 영적인 현실을 밝혀주기 위해 영적으로 깨어있는 등장인물들과 함께 하는 성경적인 꿈 이야기다. 또한, 하나님의 은혜로 마치 독자 자신이 걸어왔던 삶의 여정 같은 이야기였다.

첫 번째 부분을 소개하는 시로 표현한 변증에서 번연은 우리에게 어떻게 이 모든 것이 시작되었는지 말한다.

> 처음에 내가 손에 나의 펜을 쥐었을 때
> 나는 이 작은 책을 이런 방식으로 쓸 생각이 없었다.
> 아니다.
> 나는 다른 작품을 만들려고 했다.
> 그리고 내가 의도했던 작품이 거의 완성 되었을 때 나는 이 작품을 시작했다.
> 이 작품은 그렇게 탄생했다.
> 나는 복음의 시대에 예수님의 길과 성인들의 경주에 관해 썼다.
> 나는 갑자기 그들의 여정과 영광의 길에 관한 알레고리에 깊이 빠지게 되었다.
> 나는 20개 이상의 알레고리를 사용하기로 정했다.
> 이것을 정한 뒤 나는 나의 왕관에 20개의 알레고리를 더 사용하기로 했다.
> 그리고 그것들은 다시 배가하기 시작했다.
> 타고 있는 숯에서 불꽃들이 날아오르듯…
> 그래서 나는 기쁨으로 종이와 펜을 준비했다.
> 그리고 빠르게 내 생각을 적어내려갔다.
> 마지막까지 이 방법을 사용하기 위해
> 내가 끌어당겼을 때 그것은 왔고 나는 기록했다.
> 마침내 이것이 완성될 때까지 당신이 보는 긴 길이와 넓이로
> 이 책은 당신의 눈앞에서 영원한 상을 구하는 사람을 묘사한다.
> 이 책은 당신에게 그가 어디에서 왔으며 어디로 가는지
> 그가 무엇을 하지 않은 채로 두었고 무엇을 했는지

이 책은 또한, 당신에게 그가 어떻게 달리고 또 달리는지 보여준다.
그가 영광의 문 앞에 올 때까지 …
이 책은 그대를 여행자로 만들 것이다.
만약 그 경륜으로 당신이 다스림을 받는다면
이것은 당신을 거룩한 땅으로 인도할 것이다
만약 당신이 그 지시들을 이해한다면 …
당신 자신이 읽고 당신이 무엇을 할지 못 할지
그리고 당신이 축복받은 사람인지 아닌지 알고싶지 않은가?
같은 글을 읽음으로써?
오, 그렇다면 여기에 와서 나의 책에 당신의 머리와 가슴을 함께 두어라.

'영원한 상을 구하는 그 사람이 달리고 또 달린다'라고 번연은 말한다. 순례는 대부분 걸어서 이루지만, 그의 이야기에서 주인공은 시작부터 띈다. 복음 전도자가 그에게 첫 번째 지시를 주고 난 후의 이야기를 번연은 다음과 같이 강조하며 진술한다.

나는 꿈에서 사람이 달리기 시작하는 것을 보았다
… 그 사람은 손가락으로 귀를 막고 생명! 생명! 영원한 생명! 을 부르짖으며 달렸다.

번연에게 달린다는 것은 무서운 것에서 달아나 환상적인 것에 도달하기 위해 전심을 다 하는 그림이다. 이런 의미에서 순례자는 이 작품에서 항상 달린다. 심지어 걸으면서 이야기하는 순례자의 모습을 보여줄 때도 그렇다. 이것은 우리에게 『천국의 순례자』(The Heavenly Footman)를 연상시킨다. 여기서 '순례자'(Footman)란 사환이나 보병이 아닌 발로 다니는 도보 여행자를 의미한다(그리스도인이 희망씨(Hopeful)에게 이야기하는 것처럼 '당신과 나는 이런 도보 여행자'[Footman]다).

'천국의'라는 말은 천국을 목표로 향하는 것을 의미한다. 이 작품은 그리스도인의 임무가 단순하게 뛰는 것임을 보여주는 고린도전서 9:24에 대해 쓰인 설교다.

번연이 이 책을 언제 썼는지 확실하지 않다. 왜냐하면, 이것은 그의 생전에 출판되지 않았기 때문이다. 그의 친구 찰스 드(Charles Doe)는 번연이 죽은 지 4년 뒤인 1692년에 이 작품을 공개했다. 하지만 이 책이 발전시킨 사상들은 천로역정의 메아리였기 때문에 이 설교가 번연이 천로역정을 끝낸 뒤 곧바로 썼다는 것은 의심의 여지가 없다.

19세기 중반에 번연의 편집자였던 조지 오퍼(George Offer)는 이것을 다음과 같이 말한다.

> 낙심의 수렁을 건너가야 하는가?
> 어려움의 언덕을 지나가야 하는가?
> 여기 도보 여행자는 더러운 걸음걸이로 울부짖는 광야와 높은 언덕을 지나 길고 지루한 여행을 한다. 하지만 그는 '약속의 땅은 길의 끝에 있다'라는 격려를 받는다. 영원한 영광을 얻을 이 사람은 검을 꺼내고 투구를 쓰고 성전으로 싸우러 가야 한다 – 천국의 순례자는 반드시 천국과 그의 영혼 사이에 있는 모든 것을 통과해 뚫고 나가야 한다.
> 그 길에서 멸망한 무지씨(Ignorance)가 순례자에게 말한다.
> '당신은 빠르군요. 나를 추월하실건가요?'

천국으로 달려가는 순례자는 무거운 뒷굽과 게으름, 방탕함과 어리석은 교수는 상을 얻지 못할 것이라는 소리를 듣는다. 그 길의 머리에 있는 이 좁은 문(wicket-gate)은 매우 중요하다. 그리스도를 통하지 않고 아무도 천국에 도달할 수 없다. 잘못된 길에 있어도 결코 상을 얻을 수 없다. 따라서 그 문과 길 위에서 얼마나 빨리 달리는가는 중요하지 않다.

이 순례자는 옆길로 돌아가는 목초지로 길을 들어서는 바람에 아주 심하게 고통받지 않았는가?

쓰라린 경험 후에도 순례자는 흰옷을 입은 흑인 때문에 또다시 옆길로 새는 우를 범하지 않았는가?

우리의 순례자는 사망과 정죄로 이끄는 왜곡된 길을 주의하라고 경고받았다 … 이 불쌍한 순례자는 한숨을 쉬며 헐떡거리며 탄식하며 간다.

어떤 사람은 덤불로 굴러떨어지고 어떤 사람은 작은 것에 집착해서 움직이지 않고 어떤 사람은 울부짖는다. 나는 낙심했다.

당신은 어디에 있는가?

순례자는 들장미, 수렁, 다른 걸림돌 같은 그가 참아야 할 모든 것과 함께 그의 육체에 십자가, 고통, 피곤함을 겪게 된다.

형식주의자(Formalist)와 위선자(Hypocrite)는 고난의 덕의 발끝에서 다른 길로 벗어나고 불행하게 멸망할 것인가?

신뢰하지 않는 자(Mistrust)와 두려워하는 자(Timorous)는 박해하는 사자들과 교회와 국가가 주는 두려움 때문에 되돌아갔는가?

천국을 향해 달려가는 그 사람은 다음과 같은 경고를 받는다.

'십자가를 만났을 때 어떤 사람은 더 전진하지 못하고 죄의 길로 돌아간다. 넘어지고 고개를 돌려 왼쪽이나 오른쪽으로 돌아가 결국 멸망한다. 멈추려고 하지 말라. 멈추거나 절뚝거리지 말라….'

또는, 이 설교 본문에서 바울이 말하는 것처럼 '뛰어라. 그러면 얻을 것이다.'

『천국의 순례자』는 처음부터 끝까지 생명의 길 위에서 달리고 또 달리고 계속 달리도록 독려한다. 번연은 『천로역정』의 독자들이 복음서의 객관적인 진리에 대해 이미 알고 있다고 가정하고 이에 대한 더 깊은 이해와 함께 더욱 헌신적으로 천국에 이르고 지옥을 피하는데 집중한다.

여기서 그의 다른 설교적인 저술처럼 번연의 어조는 그의 다른 설교적인 저술처럼 당신을 압도한다. 지옥의 끔찍함과 신실한 자에 대한 하나님의 약속, 그에 상응하는 부주의하고 신실하지 않은 자에 대한 하나님의 경고에 대해 번연의 인식은 매우 강렬하다. 번연은 그가 느끼는 것을 우리도 느끼도록 일련의 단어들을 사용한다. 이것은 참으로 '깨우고 회심시키는 작업'이다.

그의 본문은 천국을 향해 달려가는 사람에게 필요한 지침을 제시하고 왜, 어떻게 달려야 할지 다양하게 설명하며 그 사람이 굳건히 계속 달릴 수 있도록 고무하는 생각들을 나열하여 당신의 영에 자리 잡았을지 모르는 편안한 무감각과 게으름이나 나태함으로부터 당신을 깨운다.

아마 이것에 관한 그의 모든 언급 중에서 가장 핵심은 그가 서두에 쓴 '모든 게으르고 부주의한 사람들에 대한 편지'에 담겨있다. 이 편지는 의심할 여지 없이 이 책의 집필을 끝낸 후에 썼지만, 그가 나열한 생각들이 여전히 그의 마음속에서 타오를 때 쓴 것이다. 다음의 발췌에서 그 열기를 느껴보라.

> 나는 담대하게 말할 수 있다. 인간에게 자기 영혼을 잃어버리는 것을 보는 것과 죄 때문에 영원한 삶을 잃어버리는 것보다 더 큰 부끄러운 것은 인간에게 없다. 나는 확신한다. 그렇게 되는 가장 직접적인 원인은 게으름이다. 구원의 사역에서 게으름을 피우는 것이다….
> 하늘의 것에 나태한 사람을 아는가?
> 그를 이 세상의 게으른 사람과 비교해 보라.
>
> ① 게으른 사람은 그가 해야 할 일을 시작하기 꺼린다. 마찬가지로 그는 천국에 대해 게으른 사람이다.
> ② 게으른 사람은 기꺼이 미룬다. 마찬가지로 그는 천국에 대해 게으른 사람이다.
> ③ 게으른 사람은 삶에서 만나게 되는 사사로운 일들을 자신이 해야 할 일을 부지런히 하지 못하게 하는 핑곗거리로 삼는다. 마찬가지로 그는 천국에

대해 그렇게 게으른 사람이다.

④ 자기 일을 할 때 어중간하게 하는 사람은 천국에 대해 그렇게 게으르다….

⑤ 게으른 사람들이 기회를 놓치듯 천국에 대해 은혜의 기회를 놓친다.

⑥ 게으른 자들은 결코 좋은 열매를 맺지 못하는데 영혼이 게으른 자들도 마찬가지다.

⑦ 게으른 자들은 게으름 때문에 꾸짖음을 당한다. 마찬가지로 그리스도를 위해 활발히 움직이지 않은 사람도 같은 처지다….

형제들이여! 일어나라, 이제 게으름 피우지 말라. 다리와 심장, 그 외의 모든 것을 하나님의 길 위에 두라. 달려라. 결승선에 왕관이 있다. 먼저 간 사랑하는 경주자들이 기다리고 있다. 심지어 당신의 영혼을 위해 천국을 준비해 두신 예수님 자신이 당신을 환영해줄 것이다. 예수님은 당신이 바라고 상상한 것 이상으로 흔쾌히 당신에게 왕관을 줄 것이다.

나는 우리 영혼이 평안함 속에 경주 끝에서 평안하게 만나기를 바란다.

참으로 이 책을 통틀어 보여주듯 이것이 마음을 찾아 따뜻하게 해주는 진실한 존 번연이다. 당신이 그로부터, 그가 당신으로부터 더 멀리 떨어지지 않게 하라. 그가 말하듯 천국은 우리를 손짓하며 부른다. 우리가 천국을 향해 달려가게 하소서!

제4장

메튜 헨리의 『종교적인 삶의 기쁨』

Puritan Portraits

1. 그리스도인의 기쁨의 목록

이 여섯 개의 설교 모음은 메튜 헨리의 마지막 문학적인 노력이다. 이것은 1714년, 그가 52세로 별세할 때 인쇄소에 있었고 얼마 안 되어 곧 『계시가 되고 증명되었으며 모든 사람이, 특히 젊은 사람이 고려하도록 추천된 종교적인 삶의 기쁨』(*The Pleasantness of a Religious Life opened, and proved, and recommended to the consideration of all, particularly of Young People*)이라는 제목으로 출판되었다.

헨리의 전기작가인 J. B. 윌리엄스(J. B. Williams)는 이것을 '매력적인 제목'이라고 말했다. 하지만 오늘날 많은 사람이 이것을 매력적으로 여길지 의심스럽다. 이것은 헨리의 잘못이 아니다. 이 제목이 우리에게 무거우며 거북하게 들리는 이유는 그와 우리 사이에 놓인 3세기라는 시간 동안 '기쁨'(pleasantness)의 의미는 심하게 퇴색되어 그저 어떤 것도 너무 나쁘지 않음을 뜻하게 되었다.

'종교적인'(religious)이라는 말 또한, 하나님이나 모든 신을 아우르는 모호한 개념이 되었다. '고려'(consideration)는 헌신하기 보다 분리된 사상을 의식적으로 암시하는 냉랭한 단어가 되었고 '젊은 사람'(young people)은 이들을 깎아내리는 듯한 어구, 즉 이들을 사려 깊게 생각하지 않는 어구로 전락했다.

하지만 만약 헨리의 책 제목의 현대적인 어감이 우리가 그의 책을 읽기를 꺼리게 한다면, 그것은 애석한 일이다. 왜냐하면, 그는 실제로 그리스도인의 삶의 기쁨에 관해 썼는데 그것을 17세기 스타일로 서술했을 뿐이고 내가 그의 책을 요리나 성생활의 기쁨에 관한 책을 환영하는 현 세상에 소개할 때 그 제목은 적절하기 때문이다.

헨리는 매우 솔직하게 표현한다. NIV 성경이 '그 길은 즐거운 길이요 그의 지름길은 다 평강이니라'라는 잠언 3:17을 해석하면서 그는 '아무것도 기쁨보다 더 강렬하게 유혹하는 것은 없다'라고 말한다. 그리고 '참 경건은 그 안에 참 기쁨이 있다'라고 말한다.

> 기쁨은 유혹적이다. 기쁨을 생산하는 것은 욕망을 끌어낼 수밖에 없다. … 그런 측면에서 종교는 기쁨을 가지고 있다. 그 안에 갈고리 없는 미끼가 있다 … 하나님 자신이 당신을 초대하는 기쁨, 당신을 참으로 진정으로 영원히 행복하게 만드는 기쁨 … 참 종교에 참 기쁨이 있다는 것은 확실하다(p. 49).

헨리의 목적은 참 기독교는 우리가 한가지 기쁨에서 다른 기쁨으로 움직이게 하는, 기쁨으로 여행하는 것과 이것이 우리가 제자도를 전심으로 따르게 하는 여러 선한 이유 중 하나임을 알려주는 것이다.

다음은 헨리가 작성한 요점들이다.

첫째, 그는 그리스도인이 즐기는 12가지 기쁨의 목록을 만들었다.

① 하나님과 주 예수 그리스도를 아는 것
② 하나님 안에서 쉬는 것
③ 하나님의 자녀가 되는 것

④ 모든 피조물 안에 있는 하나님의 은혜로우신 선하심을 맛보는 것
⑤ 하나님의 돌보심을 의지하는 것
⑥ 하나님을 기뻐하는 것
⑦ 하나님을 찬양하는 것
⑧ 욕구의 노예 됨을 피하는 것
⑨ 고난들
⑩ 다른 사람을 향한 사랑과 선을 행하는 것
⑪ 하나님과 항상 교통하는 것
⑫ 하늘의 영광을 기대하는 것

둘째, 그는 하나님이 죄인들에게 기쁨을 가져다주기 위해 행하신 것들을 열거했다.

십자가를 통해 화평케 하심.
그들에게 기쁨 외의 평안을 약속하심.
그들에게 성령, 성경, 기도, 찬양을 통한 예배의 본과 복음 사역을 주심.
그들을 본향으로 돌아오게 하시려고 예비 된 축복을 주심 ….

이런 축복들로 헨리는 용서, 확신, 하나님께 도달함, 만족, 고요함, 선한 양심의 확신, 실제적으로 미리 맛보는 영광을 언급했다.

다음으로 그는 지금까지 말한 그의 논증을 다음과 같은 방법으로 확증한다. 즉 그의 논지를 완전히 입증하는 그리스도인의 실제 경험에 호소하고, 그리스도인의 삶을 기쁨이 있는 여행으로 묘사한다. 여행에 힘을 주는 은사들, 보호하고 인도하시는 성령의 임재, 좋은 친구, 좋은 지형, 좋은 날씨, 여정에 필요한 풍성한 공급 하심이 주어질 것이고 여행의 목적지인 본향을 마침내 경험할 것임을 상기시킨다.

마지막으로, 비종교인들의 회의주의와 경건의 기쁨들에 대한 냉소적인 표현들을 일축하고 회개의 고통과 자기 훈련의 요구들과 자기 부인이 제자도의 기쁨을 파괴한다는 주장을 반박하며 그는 독자들이 각자 있는 곳에서 시작해서 그가 서술한 영적인 삶의 충만함으로 들어가도록 권면한다.

어떤 것들은 변하지 않는다. 우리에게는 구식으로 느껴지는 3세기 전의 헨리의 언어가 그때와 마찬가지로 오늘날에도 여전히 참되고 지혜롭다. 우리는 믿지 않는 세속 친구들 때문에, 또 때로 우리 자신의 병적인 생각으로 인해 그리스도인이 된다는 것은 암울하고 무거운 일이며 그리스도인이 안 되는 것이 좀 더 즐거울 것이라는 편견이 있다.

우리는 헨리의 첫 번째 청자나 독자처럼 이것이 절대 사실이 아님을 상기할 필요가 있다. 헨리의 되새김은 그의 마음에서 온다.

그는 다음과 같이 썼다.

> 여기서 나는 내가 하고 싶은 대로 마음껏 고백한다. 왜냐하면, 종교의 기쁨에 대한 교리는 내가 오랜 시간 동안 특별한 관심을 기울이고 모든 기회를 살려 언급해온 것이기 때문이다(p. 20).

그리스도인의 삶은 산책하는 길은 아니지만 기쁨의 길이다!
영적인 기쁨의 베테랑으로서 헨리는 이것을 우리에게 증명하고자 한다.

2. 메튜 헨리의 생애와 사역

작고 소중한 책을 쓴 메튜 헨리는 누구였는가?

헨리는 은 시대(Silver Age)의 청교도였다. 문학 연구와 사상사의 세계에서는 창조적인 운동의 황금시대와 은시대를 구별한다. 황금시대는 개척자들이 자기가 성취한 것의 고전적이고 기념비적인 성격 때문에 스스로 거장으로 인정하며 창조적인 작업을 하던 시기다.

황금시대 후에 은 시대가 뒤따른다. 이 시기에 리더들은 더욱 조직화 되어 신실하게 이어받은 지혜의 전통을 전달하면서 선조들의 발자취를 따라간다.

또한, 그들은 선조들의 시대를 마무리하고 새로운 시대로 나아간다. 나아가 세부사항들도 발전시킨다. 선조들의 어깨에 앉아 그들의 진술을 더욱 명료하고 정확하게 다듬는다. 그들은 창조자라기보다 보존자며 탐험가라기보다 정착자다. 그들의 목표는 유산을 유지하는 것이다. 이것이 그들의 온 힘과 노력을 헌신하는 목적이다.

기독교 역사에서 금은 시대의 구별은 관점에 따라 다르게 나타날 수 있다. 예를 들어, 먼저 루터의 화산과 같은 창조적인 경력은 종교개혁의 황금시대라 이름 붙일 수 있겠고, 칼빈과 멜랑히톤의 조직적인 기술은 은 시대의 대응물로 볼 수 있다.

두 번째 관점에서 루터(Luther), 칼빈(Calvin), 부처(Bucer), 마터(Martyr), 크랜머(Cranmer), 녹스(Knox)와 그들의 동료들은 종교개혁 신학의 황금시대에 속한다.

퍼킨스(Perkins)에서부터 오웬(Owen)에 이르는 청교도신학의 시대와 그 대륙의 대응물로 보이는 베자(Beza)에서 튜러틴(Turretin)까지 은 시대라고 할 수 있다.

세 번째 관점에서 그리스도인 삶의 거장이자 선생인 존 뉴튼(John Newton), 머레이 맥체인(Murray McCheyne), 찰스 스펄전(C.H. Spurgeon), J. C. 라일(J.C. Ryl), 아더 핑크(Arthur Pink)는 퍼킨스, 십스(Sibbes), 백스터(Baxter), 번연(Bunyan), 오웬(Owen), 그루넬(Grunall), 토마스 굿윈(Thomas Goodwin), 토마스 후커(Thomas Hooker)와 같은 청교도 선구자의 황금시대와 비교할 때 은 시대에 속한다. 왜냐하면, 믿음, 소망, 사랑의 그리스도인의 삶의 내적인 현실을 지도와 같이 보여주기 때문이다.

네 번째 관점으로 먼저 나온 청교도 황금시대의 신학적이고 실천적인 결과물 전체와 관련해 그들의 최고의 작품이 초기 18세기를 장식하는 세 사람, 코튼 매더(Cotton Mather), 아이작 왓츠(Issac Watts), 매튜 헨리(Matthew Henry)는 은 시대 인물로 보아야 한다. 세 사람 모두 제대로 평가되지 않았기 때문에 재평가될 필요가 있다.

하지만 여기에서 초점은 오직 헨리다.

헨리는 1662년에 태어났다. 경건한 청교도 아버지 필립 헨리(Philip Henry)는 복고 된 영국 국교회로부터 쫓겨난 2천 명의 목회자 중 한 명이었다. 그의 부모는 그에게 청교도 믿음과 신앙 습관(매일의 기도, 성경 읽기, 자기 반성, 자기 성찰, 경건 노트 작성, 하나님의 임재 연습, 엄격한 도덕성과 관대한 인류애 추구, 6일 동안은 열심히 일하고 주일에는 쉬는 철저한 안식일 주의)이 뿌리내리게 했다.

신중하고 밝고 생동감 있고 성경을 사랑했던 그는 결코 자신의 목회사역에서 주님을 섬기는 것 외에 다른 어떤 것도 원치 않았다. 1687년 어떤 비국교도 학교를 졸업한 후 그레이 여관(Gray's Inn)에서 약간의 법률 서적을 읽고 장로교 안수를 받았으며 케스터(Chester)에서 목회를 시작했다. 그가 섬긴 25년 동안 회중은 350명으로 성장했다. 1712년, 그가 죽기 2년 전 런던의 근교 헥크니(Hackney)에 재배치되었다.

청교도 시대의 좋은 설교자로서 그는 많은 요구 가운데 있었다. 양심이 매우 밝았기 때문에 특별한 이유가 있는 경우를 빼고는 설교 초청을 거절하지 않았다. 그의 사역을 통틀어 그는 항상 설교단에 있었고 때로 하루에 다른 장소에서 세 번 설교하기도 했다.

그는 본문 내용을 한 시간 동안 설교했고 성경 한 장을 주석하는 데 한 시간이 걸렸기 때문에 자신이 맡은 교회의 주일 예배 시간은 세 시간이나 지속했다. 이런 특성 때문에 1704년에 첫 출판을 시작으로 그 유명한 다섯 권의 주석책이 나오게 되었다.

이 주석들은 그가 죽기 전에 사도행전까지 다루었고 훗날 친구들이 남아있는 노트를 기반으로 마지막 여섯 번째 책을 만들었다. 간결한 스타일에 실천적이면서도 내용은 철저히 학자적이며 정보를 잘 전해주는 그의 주석은 그 전과 후에 만들어진 어떤 인기 있는 주석들보다 탁월한 고전으로 남아있다.

3. 신앙의 기쁨을 누리는 비결

이 책에서 최선의 것을 얻기 위해서는 현대의 독자들이 어떻게 종교적인 삶의 기쁨에 적응할 수 있을지 생각해볼 필요가 있다. 헨리는 오늘날 당연한 것으로 여길 수 없는 많은 것을 가정한다. 우리가 처음부터 이것에 적응하지 않으면 이 책은 그저 단조롭고 안일한 책으로 남겨지고 우리의 상태에 아무 유익을 끼칠 수 없을 것이다.

좀 더 거칠게 표현하자면 당신은 이런 구식의 내용을 누리기 위해 스스로도 꽤 구식의 사람이 될 필요가 있다고 느낄지 모른다.

이러한 불상사를 막기 위해 다음을 언급하는 바다.

첫째, 우리는 기독교에 대한 청교도적인 이해를 분명히 해둘 필요가 있다. 그것은 하나님, 성경, 세상, 우리 자신, 구원, 교회, 역사 미래에 대한 연결된 종합적인 견해다. 심지어 성경을 믿는 교회에서도 이런 전체적인 그림을 가진 사람은 거의 없다. 더욱이 학자들의 우행과 멋스러움이 성경의 가르침을 대체하는 자유주의 교회에서 여기에 대한 이해는 전혀 없을 수밖에 없다.

예전에 교회들은 소요리문답을 사용해 그것을 모든 자녀에게 가르쳤다. 하지만 이제는 아니다. 기독교에 대한 청교도적 이해를 요약해보자면 다음과 같다.

하나님, 그 존재의 통일 속에서 내적으로 성부, 성자, 성령이 함께하시고 지혜의 근원이시고 선하시고 공의로우시며 변하지 않으시는 전능하신 하나님은 우주와 그 안에 있는 우리를 사랑하시고 축복하시기 위해 우리가 그를 사랑하고 찬양하도록 우리를 창조하셨다.

그런데 문제가 생겼다. 원죄는 모든 인간의 도덕적 본성을 바꾼 근본적인 왜곡이다. 우리의 마음에서 하나님을 사랑하고 존경하는 것이 불가능하게 되었고 가장 깊은 수준에서 피할 수 없이 자기중심적이게 되었다. 우리는 죄인이기 때문에 죄를 짓는다. 한 관점에서 인간의 역사는 뚜렷하게 원죄의 역사다.

구원자 예수 그리스도는 죽으시고 다시 사셨으며, 모든 사람들의 보응을 위하여 다시 오실, 과거와 현재와 미래이시며 성육신하신 성자 하나님이시다. 그의 죽음은 우리의 죄를 대속하기 위함이셨다. 우리는 죄 용서함을 받기 위해 그분을 신뢰해야 하고 살아계신 주로서 섬겨야 한다. 그는 우리 안에서 그의 형상을 새롭게 하기 위하여 우리와 연합하신다. 또한 우리의 원죄를 사하실 때에 우리에게 자원을 공급하신다. 이것이 현재의 구원이다.

세 번째 신격이신 성령은 우리의 죄와 구원자이신 그리스도의 현실적인 필요를 확신시키고 중생을 통해 회개하는 믿음 안에서 우리를 그분께 인도해준다. 용서와 입양과 영광의 소망을 증언하고, 우리가 진실로 본향을 구할 때 점진적으로 우리의 인격이 그리스도를 닮도록 도움으로써 성부와 성자를 위하여 일하신다. 이것은 구속의 적용이다.

교회는 모든 중생한 사람들의 초자연적 공동체다. 이 공동체는 성령에 의해서 예수 그리스도와 연합되었고, 예배와 간증과 그리스도의 영광을 위하여 동역하도록 부르심을 받았다. 그 목적을 이루기 위하여 임명 받은 목사들과 성례전 규례들과, 풍성하게 섬기는 능력으로 가득하다.

이 목적을 위하여 목사들이 부임하고, 성례적 규례들이 존재하며, 각양각색의 은사를 가진 사람들이 모인다. 모든 기독교인은 교회의 일원이 되어 그것을 지원함과 동시에 그것을 필요로 한다. 또한, 특정한 지역 교회들 중 하나에 헌신하여 그 안에서 교제해야 한다. 기독교인의 삶은 협동의 삶이다.

하나님의 말씀인 성경은 이런 지식의 신적 근원이다.

간단히 말해서, 헨리가 그의 독자들이 알고 있다고 가정한, 기독교에 대한 청교도적인 이해였다.

둘째, 우리는 모더니즘과 포스트 모더니즘을 구별하여 청교도 기독교와 서구 세속주의 사이의 차이를 명확하게 이해해야 한다. 청교도주의가 자기 지식과 삶의 인도를 위해 하나님의 말씀을 바라볼 때 모더니즘은 낙관주의를 가지고 과학과 철학에서 표현된 인간 이성을 본다.

현대 대학에 만연한 포스트모더니즘은 모더니스트들에게 모더니즘의 프로젝트는 희망이 없다고 염세주의적으로 말한다. 왜냐하면, 포스트모더니스트들은 철학자와 과학자들이 그들 이전의 그리스도인들처럼 어떤 사실을 전 우주적인 진리라고 제공하는 것이 잘못된 시도라고 보기 때문이다. 이 주장에 대한 당신의 생각이 무엇이든(예를 들어 이 주장은 포스트모던주의에도 적용되는 것 아닌가?), 이런 주장은 포스트코던주의가 경시하는 모던주의만큼 명백히 세속주의(secularism)적인 표현이다.

모던주의자와 포스트모던주의자가 결판이 날 때까지 피 터지게 싸우는 전쟁터에는 도처에 상대주의와 회의주의와 절망감이 가득하다. 그 결과 확실한 것은 아무것도 없으며 참으로 가치 있는 것도 없다는 사고방식과 매 순간 쾌락을 붙잡는 것만이 유일하게 해야 할 일이라는 주장이 힘을 얻는다. 따라서 인간의 본성은 저평가되고 인간의 삶은 싸구려가 되고 인간의 사상은 더 발전하지 못한다. 우리가 하층 동물의 것으로만 여겼던 오직 본능적 욕구와 여러 종류의 탐욕에 의해 행동하며 목적 없이 살게 된다.

삶에 대한 우리의 사상은 방황하고 쾌락에 대한 우리의 생각은 본능적이고 감각적이며 육체적이 된다.

우리는 자기중심적 욕구들(cravings), 충동들(urges), 갈급함(itches)을 일시적으로 충족시키는 것에 마음을 빼앗긴다(나는 이것들을 그 영향력으로 평가한다. 충동은 강한 갈급함이고 욕구는 강한 충동이다). 이것이 우리의 세속주의가 우리에게 가져다준 것이고 이것은 아주 슬픈 이야기다. 프란시스 쉐퍼(Francis Schaeffer)가 말했듯이 인간 본성에 대한 '참 진리'인 영원한 진리로 헨리의 부름, 즉 인간 본성에 대한 '참 진리'로 부름은 이런 경향과 모든 측면에서 정면으로 반대된다.

> 영혼이 인간이다. … [여기서 영혼은 인격적이고 의식이 있으며 생각하고 사고하고 일관성 있는 자아를 의미한다] 이것이 쉽게 받아들여지길 바란다. 인간은 원리적으로 영적인 힘과 능력을 부여받았고 영의 세계에 연결되어 있으며 지적이고 영원한 존재다.
>
> 인간 안에는 자신만의 감각과 기질과 함께 육체의 그것과 구별되는 적극적이고 수용적인 능력을 갖춘 영혼이 있다. 이것은 우리의 일부며 가장 관심을 가져야 하는 부분이다. 왜냐하면, 우리의 영혼이 잘 되는지 안 되는지에 따라 우리가 잘 되든지 안 되든지 하기 때문이다.
>
> 우리의 현재 상태에서 영혼과 육체는 서로 분리되고 경쟁하는 관심이 있음을 알아야 한다. 육체의 관심은 육체의 욕구를 만족하게 하고 쾌락에 빠지는 데 있다.
>
> 반면, 영혼의 관심은 육체의 욕구가 정복되고 죽음으로써 영적인 기쁨을 더 잘 누리는 데 있다. 그러므로 현명 하라. 굳게 결심하라. 스스로 이성이 다스리고 영향받는 사람들을 보여주라.
>
> 그런데 이 이성은 단순한 자연인 안에서 희미해지고 잃어버려진 이성이 아니라 신적 계시와 신적 은혜로 고양되고 인도되는 이성이다. 감각이 아닌 믿음으로 걸어라(p. 50).

우리가 삶의 방식에 대해 역사적 그리스도인들과 현대의 세속적인 접근들 사이에 어긋나는 점을 이해하고 문화적 편견을 극복하기 위한 노력을 기울이고 인간의 본성과 인간의 복지에 대한 청교도적 견해를 진지하게 취할 때 비로소 우리는 헨리가 이 책에 쏟아부은 지혜의 홍수로부터 유익을 얻을 수 있을 것이다.

청교도들에 대한 일반적인 인상은 그들이 가는 곳마다 우울함을 퍼뜨리고 바리새인적이며 매사에 무뚝뚝하다는 것이었다.

그러나 실제로 청교도는 자신의 삶에서 진지하게 기독교적인 훈련을 연습하고 기도하고 금식하고 마음을 지키고 육체와 마귀와 싸우고 질서 있는 삶을 유지하고 할 수 있는 모든 선을 행했으며, 이렇게 함으로써 삶의 모든 길에서 고요하든 요동치든 평화와 번영이든 슬픔과 압박 속에서든 정신적 즐거움과 기쁨을 누렸다. 이것이 헨리가 깊이 사모하고 공유하고자 하는 경험이다.

그 비결은 하나님의 임재가 순간마다 함께한다는 믿음 안에서 생각을 다스리는 것이다. 헨리의 글을 여러 번 반복해서 읽다보면 우리를 그러한 삶으로 인도해 줄 것이다. 많은 사람이 이것을 경험으로 증명해 주길 바란다.

제5장

존 오웬의 『죄 죽임』

―――― *Puritan Portraits* ――――

나는 현존했던 그리고 현존하는 모든 신학자를 통틀어 존 오웬에게 가장 큰 빚을 졌다고 생각한다. 그중에서도 죄 죽임에 대한 이 작은 책이 단연 최고라고 확신한다. 그 이유는 다음과 같다.

나는 거듭난 그리스도인이다. 즉 나는 하나님의 용서가 필요하고 그것을 구했으며 나를 향한 그리스도의 사랑과 그의 개인적인 부르심을 깨달았고, 결정적으로 주 예수 그리스도께 헌신하게 되었다. 이것은 50년도 더 된 나의 대학교 신입생 시절 이야기다.

나를 양육한 그룹은 매우 경건한 스타일로 굳건한 믿음의 그리스도인이 되기 위해 가장 중요한 것은 하나님과 동행하는 삶임을 알려주었다. 물론 이것은 전적으로 옳은 말이다. 하지만 그들은 엘리트주의적인 면모를 다소 가지고 있었고 오직 성경을 믿는 복음주의자만 그리스도인의 삶에 대해 말할 수 있다고 생각했다.

또한, 리더들은 나머지 우리들에게 이 주제에 대해 그룹에서 강연하는 사람들은 확실히 절대적으로 다 선하다고 믿게 가르쳤다. 나는 이 단체가 매주 모셔오는 설교자와 강사의 강연을 대단한 기대와 흥분으로 듣곤 했다. 그들이 영국, 아니, 아마 세계에서 가장 경건한 지도자들임을 의심하지 않고 말이다. 하지만 나는 곧 실족하게 되었다. 내가 들은 것을 제대로 이해한 것인지는 좀 더 따져봐야 할 것이다.

하지만 내가 들은 것은 이것이다. 두 종류의 그리스도인이 있다. 일 등급과 이 등급, '영적인' 것과 '육신적인'(고전 3:1-3의 킹제임스성경 해석에 의한 구별). 전자는 후자가 모르는 방식으로 지속하는 평화와 기쁨, 계속되는 내적인 확신, 죄와 유혹에 대한 정기적인 승리를 거둔다. 하나님께 쓰임 받기를 소망하는 사람은 이런 의미에서 영적으로 변해야만 한다.

주 안에서 발견한 확신이 사람의 내적인 기질을 하룻밤 사이에 바꿔 놓는 것은 아니므로 당시 불안하고 초조한 사춘기 청년이었던 나는 내가 영적이지 않다고 결론 내렸다. 하지만 나는 하나님께 쓰임 받는 사람이 되기를 바랐다.

그렇다면 나는 어떻게 해야 했을까?

1. '그만 손을 떼고 하나님이 하시게 하라'

'나는 '그만 손을 떼고 하나님이 하시게 하라'라는 말 속에 육신적인 사람에서 영적인 사람으로 변화될 수 있는 비밀이 감겨 있다고 들었다. 나는 옥스퍼드 강단에서 이것을 설파하던 어떤 빛나는 목회자를 생생하게 기억한다. 이 비밀은 성령으로 충만함을 받는 것과 관련이 있다.

성령으로 충만함을 받으면 로마서 7장에 나오는 자기 의지로 계속해서 도덕적 패배를 경험하는 사람이(지금은 이 해석이 오류라고 생각한다). 로마서 8장으로 들어서며 성령과 동행하며 더 이상 패배하지 않는다는 것이다. 내가 들었던 성령 충만의 길은 다음과 같았다.

우선, 자기를 부인해야 한다.

예수님은 그의 제자들에게 자기 부인을 요구하지 않았는가? (눅 9:23)

그렇다. 하지만 예수님이 의미하신 것은 정확히 말해서 육신적인 자아를 부정하는 것이었다 – 즉 자기 의지, 자기주장, 자기중심, 자기숭배, 인간 본성에 깃든 아담 증후군, 하나님을 반대하는 영감과 태도에 뿌리내린 자아 중심적인 행동 패턴들이 그것이고 이들의 공통된 이름은 원죄다. 하지만 내가 들었던 것은 인격적 자아를 부인하라는 부름이었다.

그렇게 함으로써 예수 그리스도께 사로잡혀 나의 사고와 의지의 현재적 경험이 전혀 다른 것이 되는 것, 즉 나를 움직이시고 나를 위해 생각하시고 의지하시는, 내 안에 살아계신 그리스도의 경험이 된다는 것이었다. 이 말은 신약에 나오는 내재하시는 그리스도의 역사라기보다 귀신들림의 공식처럼 들린다.

하지만 그 무렵 나는 마귀의 사로잡힘에 대해 무지했고, 공인된 설교자들이 주해하듯이, 내가 방금 말한 내용들이 "내가 사는 것이 아니요. 오직 내 안에 그리스도께서 사시는 것이라"(갈 2:20, KJV)는 구절이 의미하는 것과 같은 의미라고 이해했다. 우리는 이 후렴을 노래하곤 한다.

> 오, 나 자신에게서 구원받기 위해, 주님이시여,
> 오, 당신 안에서 잃어버려지기 위해
> 오, 이것은 더 이상 내가 아니라
> 내 안에 사시는 그리스도!

저자의 본래 의도가 무엇이든지 나는 위에서 밝힌 의미로 해석하며 전심으로 찬양했다.

성령충만을 받는 다른 비밀은 한 쌍의 단어에 있다.

성별(聖別, consecration)과 믿음이다.

성별은 무엇인가 제단 위에 두고 자기 생명의 모든 부분을 주님께 내어드리는 전적인 자기 부인을 의미한다. 성별을 통해 사람은 자아가 비워지고 그 비워진 그릇은 자동으로 성령으로 채워지며 그 안에 있는 그리스도의 능력이 발현될 준비가 된다. 성별은 믿음을 동반한다. 믿음이란 그리스도 안에서, 또 그리스도를 위해 생각하고 선택할 뿐만 아니라 유혹에 저항하고 싸우기 위해 순간순간 내주하시는 그리스도를 바라보는 것이다.

(자신의 힘으로 싸우는 것을 의미하는) 사람은 유혹에 맞서 싸우기 보다는 그것을 다루기 위해 그리스도께 넘겨드려야 하며 그것을 버리기 위해 그분을 바라보아야 한다. 이것이 내가 이해한 성별과 믿음의 기술이었다. 나는 또한 이것이 승리의 삶으로 인도해주는 마법 같은 비결이라고 생각했다.

하지만 결과는 어떻게 되었을까?

비유적으로 말해 나는 내 안에 상처를 입혔다. 나의 성별이 완전함을 확인 하기 위해서 유혹이 느껴질 때마다 '그만 손을 대고 하나님이 하시게' 하려고 애썼다. 그때 나는 나처럼 더 높은 삶의 경지로 들어가려고 노력하다가 오히려 정신적 붕괴에 이른, 한 때는 시카고 무디 기념교회의 목사였던 헤리 아이언사이드(Harry Ironside)를 알지 못했다.

그 당시엔 이러한 더 높은 삶은 환상에 불과하여 누구도 도달할 수 없으며, 이러한 말들로 자신의 경험을 증명하는 사람들은 참으로 스스로에게 일어난 일을 부지불식간에 왜곡하는 사람들이라고 감히 결론을 내리지도 못했다. 알게 된 것이 있다면, 내가 기대한 경험은 오지 않았다는 것 뿐이었다. 그 기술은 효과가 없었다.

왜일까?

그 가르침에 따르면 모든 것이 성별에 달려있기 때문에 문제는 내 안에 있어야 했다. 성별 되지 않은 자기 안에 어떤 구더기들이 기어다니고 있음을 발견하기 위해 나는 또 내 안에 상처를 주어야 했다. 나는 미칠 것 같았다.

얼마 후 그 단체는 어떤 나이 지긋한 목회자의 책들을 기증받게 되었다. 나는 그 속에서 누렇게 바랜 오웬의 전집을 발견했다. 나는 무작위로 6권의 일부를 잘랐고 죄죽임에 대한 오웬의 글을 읽었다. 하나님이 3세기 전에 살았던 청교도의 글을 사용하셔서 암에 걸린 나의 영혼을 치료하셨다.

오웬은 3세기를 뛰어넘어 나의 내면과 심장을 보여주며 그 전에는 누구도 할 수 없었던 일을 했다. 그가 나에게 말해준 죄는 자기중심적이며 자기 기만적인 욕구, 야망, 목적, 계획, 태도와 행동이며, 타락한 인간의 영적인 체계 안에 있으며 하나님을 대적하는 이기적인 힘이었다. 나는 중생한 신자요 그리스도의 새로운 피조물이기 때문에 이제 죄는 나를 지배했던 권좌에서 물러났다.

하지만 내 안에서 죄의 영향력이 완전히 파괴되지 않았다. 그것은 내가 다시는 마주하고 싶지 않은 죄악 된 욕구를 다시 불러일으켰고 경건과 하나님을 향한 나의 새로운 욕구를 왜곡시켜 타락한 교만이 되게 함으로써 나를 항상 공격했다. 죄와의 갈등은 평생토록 피할 수 없을 것만 같았다.

어떻게 해야 할까?

여기에 오웬의 답이 있다. 당신의 마음속에 하나님의 거룩하심을 확실히 하라. 죄가 당신을 둔감하게 만든다는 사실을 기억하라. 지켜보라. 즉 성경에 근거하고 성령이 이끄시는 자기 탐구를 통해 당신 안에 있는 하나님의 거룩하심을 찾아라. 당신을 향한 그리스도의 십자가 사랑에 초점을 맞추라. 죄의 제안을 거절할 힘을 주시기를 기도하고 스스로 죄와 반대되는 선을 행할 수 있도록 기도하라.

C. S 루이스의 『위대한 이혼』(*The Great Divorce*)에서 현현한 천사가 도마뱀을 가진 그 사람에게 하도록 말한 것처럼 당신이 싸우고 있는 죄악 된 충동을 죽여달라고 그리스도께 간구하라.

이 방법이 과연 효과가 있을까?

그렇다. 나에겐 거의 70년 동안 효과가 있었다고 증언할 수 있다.

오웬의 책이 나에게 역사하였듯이 다른 사람에게도 역사할 수 있을까?

오웬의 책이 내게 준 유익을 다른 사람도 누릴 수 있을까?

그렇다. 다음은 최근에 내가 받은 감옥에서 온 편지다.

> 저는 이 책을 발견했습니다 … 화장실 근처 계단에서 … 저는 오웬의 『죄죽임』(*Mortification of Sin*)을 다 읽은 후 즉시 바닥에 무릎을 꿇었고 예수님께 나의 불행한 삶 가운데 와주시고 나를 구원해 주시길 간구했습니다. 그리고 생애 처음으로 고백했습니다. 예수님 감사합니다!

오웬은 죽어서도 말하고 있는 사람 중 하나다.

2. 청교도 거인

오웬이 가장 무게 있는 청교도 신학자며 존 칼빈과 조나단 에드워즈와 함께 가장 위대한 세 명의 개혁주의 신학자라는 것은 많은 사람이 일반적으로 동의하는 사실이다.

오웬은 1616년에 태어나 12살에 옥스퍼드 퀸즈칼리지에 입학했고 19살이던 1635년에 문학석사(M.A.) 학위를 취득했다. 20세 초반에 그는 죄의 확신에 대한 문제로 3개월 동안 혼동의 시기를 거쳤지만, 점차 그리스도를 신뢰하는 법을 배우고 평화를 얻었으며 1637년에 목사가 되었다.

1640년에 올리버 크롬웰의 채플린이 되었고 1651년에 옥스퍼드의 가장 큰 대학인 크라이스트처치칼리지의 학장이 되었다. 1652년에 그는 이 대학의 부총장이 되었는데 이것은 주목할 만한 성공이었다. 1660년 이후부터 1683년 사망할 때까지 그는 박해의 쓴 세월을 통과하며 독립파(Independents)들을 이끌었다.

오웬은 박식했으며 주해 능력을 갖춘 보수적인 개혁주의 신학자였다. 그의 사상은 노만성당(Norman cathedral)의 기둥들과 같았다. 그의 사상은 기둥과 같이 견고한 단순성을 바탕으로 정확하고 거대하며 장엄한 인상을 남겼다.

오웬은 일단 주제를 잡으면 그 바닥을 볼 때까지 지치지 않고 같은 진리를 수많은 다른 각도에서 다루며 소개하는 철저함을 보여주었다. 각각 다른 주제로 구성된 그의 책은 신학적인 체계를 담고 있는 시리즈다.

삼위일체의 진리—삼위 구속자가 되시는 삼위 창조자의 이야기—는 항상 그의 글의 마지막 요점을 장식했고 그리스도인의 삶은 그의 끊임없는 관심 대상이었다.

오웬은 청교도 경건에서 가장 고상하다 여겨지는 모든 것을 구체화했다. 그의 대학 후배였던 데이비드 클락슨(David Clarkson)은 오웬의 장례 예배에서 설교할 때 '거룩은 그의 성취물에 신적 광택을 부여했다'라고 말했다. 설교자로서 오웬은 그 자신의 명제 앞에 엎드렸다.

> 먼저 자신의 영혼에 설교하는 사람만 다른 사람에게도 설교를 잘 할 수 있다.

오웬은 또 이렇게 선언했다.

> 나는 양심에 묶여 스스로 붙잡는다. 내가 성령을 통해 이것을 먼저 경험해보지 않았더라면 진리의 어떤 항목에 관해 적절한 지식을 얻는다거나 심지어 책을 출판하는 일은 생각할 수도 없었을 것이다. 마찬가지로 먼저 이 맛을 보지 않았다면 시편 기자와 같이 "나는 믿었고 그러므로 내가 말했다"라고 고백할 수 없었을 것이다.

이것은 오웬이 인간 심장의 어두운 깊이를 캐물을 때 사용하는 권위와 기술을 보여준다.

> 모든 본문은 마치 그것이 한 사람을 위해 쓰인 것처럼 느끼게 할 만큼 영향력을 뿜내며 독자의 마음 위에서 빛난다(앤드류 톰슨[Andrew Thompson] - 존 오웬의 전기 작가: 편집자 주).

죄 죽임에 관한 이 논문은 그 중 하나에 불과하다.

3. 죄 죽임에 관한 지혜

오웬의 이 글은 로마서 8:13("영으로써 몸의 행실을 죽이면 살리니," [만약 성령을 통하여 당신이 육체의 행위들을 죽이면 당신은 살 것이다 - KJV])에 대한 시리즈 설교를 묶어 출판한 것이다. 이 설교를 한 곳은 옥스퍼드였고 책은 1656년에 출판되었다(두 번째 확장본은 1658년에 출판됨).

제인 오스틴(Jane Austen)의 소설은 네 번은 읽어야 한다는 말이 있다. 왜냐하면, 그 정도는 읽어야 그 탁월함과 온화한 풍자, 미묘한 유머가 비로소 독자의 마음 속에 파고들기 때문일 것이다. 이것은 오웬의 설교에도 적용된다. 왜냐하면, 오직 반복된 읽기를 통해서만 그것을 성찰하는 능력과 기름 부음(즉 그리스도의 이미지로 인격이 새로워지는 것)을 온전히 느낄 수 있기 때문이다.

칼빈부터 개혁주의 선생들은 긍정적으로 덕목을 키우는 살림(vivification)의 관점에서, 부정적으로는 죄를 죽이는 죽임의 관점에서 성령의 성화시키는 사역을 정기적으로 설명해왔다. 웨스트민스터 신앙고백서(13:1)는 이에 대해 다음과 같이 말한다.

> 효력 있는 부르심을 받고 중생한 자들, 곧 그들 안에 창조된 새 마음과 새 영을 가진 자들은 그리스도의 죽으심과 부활의 효력으로 말미암아 그의 말씀과 그들 속에 내주하시는 성령에 의해 실제로나 인격적으로 더욱 거룩해진다.
> 모든 죄의 지배력이 파괴되고 여러 정욕이 점점 더 약화하고 억제됨으로써 중생한 자는 은총 가운데 점점 되살아나 강건해져서 참된 경건을 실천하게 된다. 이 경건이 없이 아무도 주를 볼 수 없다.

죄 죽임은 오웬의 주제다. 그는 할 수 있는 한 충분히 성경으로부터 죄 죽임에 대한 신학, 즉 그것에 관한 하나님의 의지, 지혜, 사역과 길을 설명하기로 다짐했다.

하지만 그는 이 설명을 가능한 실제적이고 유용하게 하기 위해 다음과 같은 질문을 한다.

> 어떤 진실한 신자가 있는데 그를 죄의 법으로 사로잡아 끌어내리고 그의 마음을 문제로 소모하게 하고 그의 생각을 좌절시키며 그의 영혼을 하나님과 교제의 의무로부터 약화시키고 그를 불안하게 만들고 양심을 망쳐놓고 완고하게 하는, 그 안에 내재하는 강력한 죄를 발견한다고 가정해보라.
>
> 그는 무엇을 해야 하는가?
> 그는 어떤 과정을 택해야 하며 죄와 정욕, 질병과 부패를 죽이기 위해 무엇을 해야 하는가?

그러고 나서 그는 자신의 글에 알아야 할 것과 해야 할 것을 연속적으로 나열한다. 그 가운데 제기된 질문에 답한다.

나는 앞에서 오웬이 어떻게 나의 영적인 건강을 구했는지를 말했다. 육십 년도 더 지난 지금, 나는 오웬이 다른 어떤 사람들보다 나를 도덕적, 영적인, 신학적인 현실주의자로 만드는 데 공헌했다고 진심으로 생각한다. 그는 내가 나의 존재의 뿌리를 탐구하게 해주었다. 그는 나에게 죄의 본성과 그것과 싸울 필요성과 싸우는 방법을 가르쳐 줬다.

또한, 사람들의 영적인 삶에서 마음속의 생각이 얼마나 중요한지 깨닫게 해주었다. 그는 나에게 영적인 성장과 진보, 믿음의 승리, 신자 안에서 신자를 향한 성령의 사역의 참된 성격이 무엇인지 명백히 밝혀주었다.

오웬은 내가 아닌 것이 되거나 내가 되지 않았는데 된 척할 필요 없이 그리스도인으로서 나 자신을 이해하는 법을 보여주었고 하나님 앞에서 겸손하고 정직하게 사는 법을 가르쳐 줬다.

또한, 그는 직접적인 성경 주석을 통해 내가 한 번도 만나보지 못한 정확함과 심오함을 가지고 교훈적이고 서사적인 본문이 주는 의미를 밝혀내면서 요점을 제시했다. 내가 오웬으로부터 받은 모든 통찰력의 원천은 처음 죄 죽임에 관한 그의 책을 읽었을 때 얻은 것이다. 이 작은 책은 영적인 금광이라고 할 수 있다. 이 책은 아무리 높이 평가해도 지나치지 않다.

4. 주파수 맞추기

하지만 어떤 독자들은 오웬의 라틴어스러운 영어의 까다로운 수사학과 때때로 사용되는 이상한 용어들 때문에 그리고 현대 교회의 교인 양육이 가진 한계점으로 인해 오웬이 보내는 주파수를 맞추기 어려워한다. 후자의 원인 중 네 가지만 여기서 특별히 언급하고자 한다.

첫째, 현대교회는 하나님의 거룩에 대한 강조가 불충분하다.
성경이 그러하듯 오웬은 항상 믿는 자의 거룩을 강조했다. 이 속성은 연약한 우리와 하나님을 구별해 주고, 하나님을 찬양과 경배를 받기에 합당한 존재로 만들며, 그의 임재가 우리 양심에 임할 때 우리 죄를 깨닫게 해준다.

그러나 오늘날 하나님의 거룩하심은 그의 사랑과 자비가 감상적으로 받아들여지듯이 그 의미가 퇴색되었다. 우리는 마치 친절한 삼촌을 생각하듯 하나님을 생각하게 되었다. 이러한 왜곡된 이미지로 인해 우리는 예언자나 시편 기자들, 역사가, 사도 같은 성경 저자들과 주 예수 그리스도의 거룩한 하나님이 우리의 하나님이심을 믿기 어려워졌다.

하지만 청교도들은 이 진리를 믿었고 만약 우리가 오웬의 신학을 인정한다면 우리의 마음도 이 진리를 받아들여야만 한다.

둘째, 욕망의 중요성에 대한 강조가 불충분하다.
성경과 오웬은 모두 욕망을 사람의 마음의 지표로 보았다. 그 동기는 행동의 선악을 판별하는 결정적인 요인이다. 마음이 그릇되면, 즉 마음에 사랑이나 경외심, 순수, 겸손, 용서의 영이 빠지고 대신 교만, 자기 야망, 시기심, 탐욕, 미움, 성적인 욕망 같은 것들로 곪아 터진다면 예수님이 바리새인들을 향해 때때로 말씀하셨듯이 인간의 행위는 하나님이 보시기에 올바를 수 없다.

오늘날의 바리새인들 사이에서도 마음의 욕망과 분노, 적대감에 대해 주목하지 않은 채 사람으로서 해야 할 도리만 다하면 된다고 규정함으로써 도덕적 삶은 일종의 역할 연기(role play)로 전락했다.

그러나 이런 외형주의는 우리가 스스로 판단하는 방법도, 하나님이 우리를 평가하시는 방법도 아니다. 성경이 그리스도인에게 죄를 죽이라고 말할 때 그 의미는 나쁜 습관을 깨뜨리는 것뿐만 아니라 죄악 된 욕망과 충동을 버리는 것도 포함한다. 이것이 오웬이 이 책을 통틀어 우리에게 강조하고자 했던 것이며 급소를 지적한 오웬에게 우리가 감사하고 주목해야 하는 부분이다.

셋째, 자기반성의 필요에 대한 강조가 불충분하다.

성경과 오웬이 모두 강조하는 것은 인간 마음을 감찰하시는 하나님이 인간의 마음과 삶을 기뻐하지 않으실 때도 인간은 스스로 좋게 해석함으로써 타락한 인간 마음의 거짓 됨과 무지에 빠질 위험이 있다는 것이다. 이것은 최고의 역설이다.

마음에 대한 전문가들도 인간의 숨겨진 동기를 중요시하는 시대에 그리스도인들은 스스로 의심하기를 거절하고 다양한 형태의 자기기만을 택한다. 청교도 현실주의자 오웬은 우리 마음의 진짜 동기와 태도에 관해 우리가 지속해서 스스로 속이고 있음을 깨닫고 우리 마음에서 어떤 습관이 죽을 필요가 있는지 알기 위해 성경을 통해 스스로 점검해야 한다고 주장한다. 우리가 오웬의 탐구에 감사를 느낀다면, 우리 마음을 돌아보고 조처를 해야 할 것이다.

넷째, 삶을 바꾸는 하나님의 능력에 대한 강조가 불충분하다.

성경과 오웬은 객관적 구원이 문자적으로 해석해서 마음의 변화를 의미한다고 본다. 믿음, 소망, 사랑의 지속적 훈련에 뿌리를 두고 있는 도덕적 변화와 죄악 된 욕구의 지배에서 구원해 줄 그리스도의 죽음의 능력, 그리스도를 닮은 태도와 행동으로 인도하는 성령의 능력과 행동은 항상 증거되어왔다.

하지만 오웬은 내가 가지고 있던 구원받은 사람의 초자연적인 삶에 대한 잘못된 공식에서 나를 구원했다. 그리스도인들이 예수님께 기도함으로써 마음속의 죄악 된 욕망에서 구원을 얻는다는 기대는 전적으로 옳다.

여러 형태의 사역을 통해 그리스도와 그의 능력에 대해서는 자주 언급되면서도 삶을 바꾸는 능력에 대해서는 거의 언급되지 않는다는 사실은 매우 슬프고도 충격적이다.

하지만 오웬이 우리가 죄악된 욕구에서 참 구원을 얻는 길을 안내해주었다. 그는 이것을 의심하지 않았다. 그는 '죄 죽임을 위해서는 그리스도의 사역에 믿음을 두어야 한다'고 말했다.

> 그의 피는 죄로 병든 영혼을 위한 위대한 주권적인 치료책이다. 그 안에 살라. 그러면 당신은 정복자로 죽을 것이다. 그렇다. 당신은 하나님의 선한 섭리를 통해 당신 발밑에서 당신의 정욕의 죽음을 보며 살 것이다.

오웬의 안내를 따라 유익을 얻기 원한다면 여기에서 다시 한번 우리의 관심과 기대를 조정해야 할 것이다.

그다음으로 당신을 비정상적인 욕망의 속박으로부터 자유케 할 구원자와 그의 성령의 능력에 대해 배우고자 하는 마음으로 이 책을 읽으라. 하나님, 오웬이 우리에게 주는 진리를 이해하고 적용할 수 있는 마음을 주시옵소서!

제6장

존 플라벨의 『마음 지키기』

―― Puritan Portraits ――

1. 마음-사역과 천국-사역

'마음-사역'(Heart-work), '천국-사역'(Heaven-work)은 리처드 백스터의 참 기독교에 대한 생생한 통찰이다. 거의 다른 모든 청교도 선생과 함께 존 플라벨(John Flavel)은 이에 전적으로 동의할 것이다. 참 기독교는 과거에 정통주의, 정통성(orthopraxy), 신도의 생활(churchmanship), 성례주의, 혼합주의 등 여러 다양한 관점에서 논의되었다.

하지만 청교도들은 기독교를 정확하게 하나님과 교제의 관점에서 정의했다. 좀 더 정확히 말하자면 중보자 예수 그리스도를 통한 삼위 하나님과의 교제의 관점에서 정의했다. 이것이 백스터의 정의에 나타난 두 가지 문구가 가리키는 것이다. '천국-사역'은 백스터 자신이 최고의 프로모터였던 훈련, 즉 천국에 있는 그리스도와 함께 최종적으로 있는 것에 대한 전망에 대한 최종적으로 거하기를 소망하는 매일의 동기부여적 묵상을 가리킨다.

'천국-사역'은 백스터 자신이 최고의 주창자였던 훈련으로, 천국에 있는 그리스도와 최종적으로 함께 하기를 소망하는 마음으로 시행하는 매일의 묵상이다. 이 훈련의 목적은 마음의 눈을 궁극적인 목적지에 고정하고 계속해서 앞으로 전진함으로써 제자도에 대한 열정을 가능한 한 높게 유지하는 것이다.

'마음-사역'은 그리스도에 대한 가장 열정적인 사랑과 헌신을 유지하기 위한 유익한 생각 훈련과 자아 탐구이며, 청교도들이 마주했던 많은 반대들과 실망시키는 일들을 하나님의 섭리를 신뢰하며 가장 굳건하게 저항하는 것이다. 존 플라벨의 『마음 지키기』(Keeping the Heart - 처음에 『참된 성도 한 사람』[A Saint Indeed]이란 제목으로 출판됨)는 이것을 매우 잘 표현해 주고 있다.

플라벨이 말하고 있는 마음이란 무엇인가?

청교도가 이해하는 마음은 의학적인 생리학에 근거한 몸의 각 부분에 피를 보내는 펌프 기능의 심장이 아니라 성경신학과 인류학에 근거한 인격적 삶의 중심이자 역동적인 핵심을 의미한다. 성경은 천 번 정도 이런 의미로 이 단어를 사용함으로써 다음의 진리들을 밝혀주고 설명한다.

1) 인간의 마음은 우리가 어떤 존재인지 나타내기 위해 우리가 하는 모든 것을 조정하는 근원이다

우리의 모든 생각과 욕구, 분별과 결정, 계획과 목적, 애정과 태도와 야망, 우리의 삶을 특징짓는 모든 지혜와 어리석음은 더 좋든 나쁘든 간에 마음에서 나오고 마음에 의해 촉발된다.

다음의 말씀들은 우리 주 예수 그리스도가 인간의 마음을 얼마나 생생하게 인식하시고 계시는지 보여준다.

> 너희는 악하니 어떻게 선한 말을 할 수 있느냐 이는 마음에 가득한 것을 입으로 말함이라(마 12:34).

> 속에서 곧 사람의 마음에서 나오는 것은 악한 생각 곧 음란과 도둑질과 살인과 간음과 탐욕과 악독과 속임과 음탕과 질투와 비방과 교만과 우매함이니 이 모든 악한 것이 다 속에서 나와서 사람을 더럽게 하느니라(막 7:21-23).

2) 하나님이 그리스도 안에서 우리에게 주시는 구원은 마음의 창조적인 변화에 뿌리를 둔다. 이것은 에스겔에 의해 묘사된 포로기 이후 이스라엘의 회복에 대한 예언에 잘 나타나 있다

> 또 새 영을 너희 속에 두고 새 마음을 너희에게 주되 너희 육신에서 굳은 마음을 제거하고 부드러운 마음을 줄 것이며 또 내 영을 너희 속에 두어 너희로 내 율례를 행하게 하리니 너희가 내 규례를 지켜 행할지라(겔 36:26-27).

이 새로운 또는 새로워진 마음은 한편으로 우리가 하나님과 새로운 관계로 들어감으로써 그리스도와 복음의 약속을 믿는 믿음의 원천이다. 또 다른 한편으로 이 새로운 또는 새로워진 마음은 매사에 하나님을 경외하고 기쁘게 하며 우리의 가장 가까운 사람을 비롯해 누구든 그들의 최선을 구하는 하나님과 인간에 대한 사랑의 원천이기도 하다.

따라서 이 새로운 마음은 우리 구원의 표시다. 이런 행위를 유지하는 내면의 훈련이 '마음 사역'이라고 말할 수 있으며 이것이야말로 진정한 사역이다. 지금까지 언급한 것들이 존 플라벨과 그의 책에 대한 간략한 소개가 되었을 것이다. 그러나 그의 책으로 들어가기 전에 플라벨이라는 인물에 대해 조금 더 이야기해 보겠다.

2. 플라벨의 생애와 사역

1628년 울체스터셔(Worcestershire) 브롬스그루브(Bromsgrove)에서 설교자

의 아들로 태어난 플라벨은 자신도 설교자가 되길 원했다. 그는 옥스퍼드 졸업 후 1650년에 목사가 되었는데, 특히 1656년에 항구도시 데븐의 다트머스의 사역이 회자되고 있다.

플라벨의 회중 사역은 정기적으로 성령의 기름 부으심을 받았고 그는 고전적인 청교도의 전통을 따라 주해적이고 분석적이고 변증적이고 적용적이고 탐구적이고 회심적이고 교정적인 설교자로 명성을 얻었다. 그는 주 안에서 평강과 기쁨과 경건을 유지하는 데 집중하면서 그리스도 중심의 삶에 대해 청교도 스타일의 명석한 글을 썼다.

또한, 그는 묵상과 자기 점검, 기도에 많은 시간을 할애했고 적어도 한번은 특별한 영적인 체험을 했다고 한다. 그가 말 안장 위에서 묵상할 때였다. '에스겔이 환상에서 본 물이 결국에는 넘쳐서 바다를 덮음같이' 그의 생각이 점점 더 부풀어 올라 치솟았다. 이것은 그의 마음에서 일어난 일이었다. 플라벨은 환상적으로 아름다운 천국의 기쁨을 맛보았고 천국에 관한 관심과 확신은 세상을 향한 모든 시선과 관심이 완전히 사라지게 했다.

이후 몇 시간 동안 플라벨은 침대에서 깊은 잠에 빠져 있을 때보다 자신이 어디에 있는지조차 알지 못했다. 지친 그는 길가 웅덩이에 앉아서 자기 몸을 씻으며 방금 경험한 것이 하나님의 기쁨이라면, 바로 이자리에서 세상을 떠나기를 간절히 소망했다.

이런 경험을 가능하게 한 예수 그리스도의 얼굴을 제외하고 죽음만이 자신의 눈으로 지금까지 보았던 가장 정감 어린 얼굴이었다. 플라벨은 자신이 죽어간다고 믿었지만, 그가 사랑하는 아내와 아이들이나 또 다른 세상의 다른 관심거리에 대해서는 전혀 생각나지 않았다.

마침내 그가 목적지인 여관에 도착했을 때, 여관 주인이 물었다.

"선생님 괜찮으십니까? 마치 죽은 사람같이 보이십니다."

이에 플라벨은 대답했다.

내 인생에서 이보다 더 좋은 날은 없었습니다.

여관에서도 '그 영향은 계속되었고 결국 그는 잠을 이루지 못했다.' 주님의 기쁨은 여전히 그에게 흘러넘쳤고, 그는 마치 다른 세상의 거주자가 된 것만 같았다. 수년 후 그는 이날에 대해 회상하기를, 천국을 경험한 첫날이라고 말했다. 사람들은 바울이 삼층천에 올라갔던 경험과 조나단 에드워즈가 하나님의 영광과 아름다움에 사로잡혀 울면서 숲을 통과했던 경험을 떠올릴 것이다(우리가 더 나아가기 전에 경외심을 가지고 여기서 잠시 멈추자).

1660년에 왕정복고의 결과로 발생한 통일령에 의해 영국 국교회가 다시 재건 되었고 이로 인해 비국교도였던 플라벨은 1662년에 강단에서 쫓겨났다. 그의 사람들은 그가 (이제는 불법이 되어 버린) 사역을 계속하기 원했기 때문에 20년 동안 그는 개인 집, 숲, 살콤강(Salcombe River) 어귀의 바위섬, 법이 미치지 못하는 많은 장소에서 설교하며 사역했다. 그 후 1682년에서 1685년까지 그는 런던의 회중 교회에 합류했다.

유다서 주석을 쓴 그의 친구 윌리엄 젠킨(William Jenkyn)을 조력하는 동안에도 그는 여전히 [권력자가 보낸 병사들의 패거리인] 공권력의 체포를 피하며 살아야 했다.

1687년에 제임스 2세가 비국교도주의 사역에 제한을 가했을 때 플라벨은 이미 다트머스(Dartmouth)로 돌아와 있었다. 그의 충성스러운 회중들은 그의 사역이 즉시 재개될 수 있도록 커다란 교회 건물을 세웠다. 그는 1691년에 성경적이고 경건한 주석 작품 하나를 유산으로 남긴 채 죽었다. 이것은 처음에는 두 개의 큰 이절판(folio) 책으로 출판되었다가 1968년에 총 3600쪽에 이르는 여섯 권짜리 주석 책으로 재출간되었다.

3. 마음을 지키는 훈련

『마음 지키기』에서 플라벨은 그리스도인의 내적인 삶의 모든 훈련 중 가장 기본인 것으로 우리를 인도한다. 예배와 기도, 믿음, 소망, 사랑, 겸손, 평안, 기쁨, 순수한 마음과 지속적인 순종.

이것은 어떤 훈련인가?

우리는 이것을 훈계적인 묵상(admonitory meditation)으로 부른다. 즉 이것은 하나님과 신실한 교제의 다양한 측면을 확증하고 강화하는 핵심적인 생각들을 자기 자신의 마음 안에 배치하는 것이며, 우리가 신실함의 길에서 미끄러지거나 멀어질 때 하나님에 대한 새로운 충성심으로 우리를 부르는 것이다.

이런 미끄러짐은 하나님과 관계없이 문제를 바라보면서 실제적, 잠재적, 도덕적 무질서에 대한 묵상과 함께 마음에서 시작된다. 훈계적인 묵상의 훈련은 사실 하나님 앞에서 자신에게 스스로 말하는 것으로써, 무슨 일이 있어도 신실함의 길로 돌아가도록 활력과 안정감을 주는 하나님의 길과 그리스도의 은혜에 대해 되새기는 것이다.

적용적인 묵상(applicatory meditation)을 통해 마음에 닻을 내린 진리는 신자들의 기도가 새로워지도록 자극한다. 플라벨은 죄와 사탄이 우리가 눈먼 욕구를 따르도록 항상 유혹한다는 것을 분명히 알고 있었다. 따라서 그는 우리를 멸망시키고 하나님에게서 멀어지게 하는 생각들을 대적하는 것이 그리스도인의 삶에서 얼마나 필수적인지를 강조했다. 『마음 지키기』는 우리가 삶의 다양한 굴곡에서 유혹을 만날 때, 우리 자신을 지키게 해 주는 최선의 생각들을 알려준다.

오늘날 우리 중 대부분이 여기에 관해 거의 아무것도 하지 않는다고 하면 오해일까?

시험의 시간을 지날 때 우리는 스스로 내적으로 싸우는가?

우리는 내적이거나 외적인 상황들이 우리를 유혹에 노출시킬 때 이것을 올바르게 인식하고 단순히 안 된다고 말함으로써 순간적으로 유혹을 없애 버릴 수 있다. 하지만 마음을 지속해서 지키고 하나님의 영광을 갈망하며 의식적으로 그리스도를 가까이하기는 항상 쉽지만은 않다.

내적인 노력과 투쟁 없이 필요할 때 안 된다고 말할 수 있을 것이라는 기대는 우리가 얼마나 비현실적이고 쉽게 속으며, T. S. 엘리엇이 말한 '궁극적인 반역: 잘못된 이성을 위해 바른 것을 하기'에 얼마나 쉽게 빠지는지 잘 보여준다.

플라벨은 분명히 말한다. 시험의 때에 태평한 자기 의존은 영적인 자살로 가는 길이다. 우리는 그의 발아래 앉아 그의 지혜를 구해야 할 것이다. 여기에는 어떤 지름길도 없다.

제7장

토마스 보스톤의 『사람 낚는 기술』

Puritan Portraits

1. 보스톤의 생애와 사역

　당시 교구 목사는 아니었어도, 스코틀랜드의 허가 받은 설교자였던 토마스 보스턴은 1699년 1월 22세의 나이로 『사람 낚는 기술』을 썼다. 독백은 그의 사역의 모델이신 그리스도에 대하여 스스로에게 말해주는 설교적 묵상의 한 종류다. 그의 삶이 거의 끝나가던 1730년에 보스톤은 자녀들을 위해 편집한 그의 회고록에서 어떻게 이 책을 쓰게 되었는지를 회상한다.

> 1699년 1월 6일, 성경을 몰래 읽던 중 나의 마음은 '나를 따라라 내가 너로 사람을 낚는 어부가 되게 할 것이다'라는 마태복음 4:19 말씀에 감동되었다. 나의 영혼은 나에게 그 말씀을 실현시키려고 외쳤다. 나는 사람을 낚는 어부가 되려면 그리스도를 어떻게 따라야 하는지를 간절히 알기 원했다. 바로 그 순간 스스로를 가르치기 위해 이 문제에 대한 생각을 적었다 … 이 끄적거림은 내가 나의 영적 기질이 어떠한지 알게 해주었다 ….[1]

---

[1] *Memoirs of Thomas Boston* (Banner of Truth, 1988), p. 48.

보스톤이 우리에게 말한 것처럼 이 '끄적거림'은 절대 완성되지 않았다. 1773년에 처음 출판될 때까지 그의 가족 외에는 누구도 그것을 보지 못했다. 하지만 이 책은 훗날 복음주의자들에게 백스터의 『참된 목자』와 어깨를 견줄만한 대작으로 칭송받았으며 나 역시 이에 동의한다.

이제 막 사역을 시작한 22세 설교자가 이런 대작을 만들어냈다는 사실은 의심할 여지 없이 놀라운 일이다. 보스톤은 평범하지 않은 사람이었다. 그는 신실하고 양심적인 장로교 부모에 의해 양육되었다(그가 어릴 때 그의 아버지는 비국교도라는 이유로 감옥에 가기도 했다).

보스톤은 11살에 헨리 어스킨(Henry Erskine)의 사역을 통해 온전히 거듭났다. 헨리 어스킨은 1662년에 쫓겨난 이천 명의 청교도 사역자 중 하나였고, 1687년 당시 보스톤의 집에서 6킬로미터 떨어진 교회에서 사역하는 60세 베테랑 목사였다. 그는 아버지를 따라 어스킨의 설교를 들으러 갔다가 영적인 체험을 했다.

> 지금도 또렷이 기억한다. 겨울이었다. 몹시 추운 날이었지만 나는 타고 갈 말도 없이 블랙에더(Blackadder) 물가를 홀로 걸어야 했다. 하지만 능력과 함께 찾아온 유익 때문에 어렵지 않았다.[2] 나에게 확실히 예수 그리스도 안에 있는 구원에 대한 간절하고도 선한 관심이 있었다. 나의 영혼은 그를 찾아 나섰다. 그의 발이 닿은 장소는 영광스럽게 보였다.[3]

보스톤의 증언에 의하면 그는 학교 친구인 두 명의 다른 그리스도인 소년과 자주 그의 집에서 만나 기도와 성경 읽기, 영적인 대화들을 나누었고 이 모임을 통해 지식과 온유함을 기를 수 있었다고 한다.[4] 자기 관찰과 기도, 조직적인 묵상과 성경 읽기라는 보스톤의 일생의 습관은 그때 형성된 것이다.

---

2 *Memoirs of Thomas Boston* (Banner of Truth, 1988), p. 10.
3 *Memoirs of Thomas Boston* (Banner of Truth, 1988).
4 *Memoirs of Thomas Boston* (Banner of Truth, 1988), P. 11.

더 나아가 보스톤은 민감한 영과 좋은 기억력의 소유자였으며 단어를 다룰 줄 아는 사람이었다. 그는 아이디어와 논지들이 떠오르면 언제나 펜으로 최고의 것을 써 내려 갔다. 그는 일찍이 성숙했다.

보스톤의 신학적인 확신은 분명했고 그의 설교와 목양 사역에 대한 부르심의 감각은 강했으며 성경 본문에 대한 통찰은 매우 깊었다.

훗날 조나단 에드워즈가 그를 '참으로 위대한 성인'으로 묘사하게 이끌었던 자질들이 일찍부터 두드러졌고, 나중에 발간된 더 위대한 논문인 「인간의 4중 상태」(*The Fourfold State*, 1720)에서 계속 보여주듯, 사람들의 마음을 감동시키는 능력이 있었다. 이것들을 모두 종합하면 여전히 숨을 멎게 하는 『사람 낚는 기술』의 고귀한 면모를 이해할 수 있게 된다.

2. 『사람 낚는 기술』의 시대적인 배경

[스코틀랜드에서 '청교도'라는 용어가 영국에서처럼 사용되지 않았지만] 보스톤은 주류 스코틀랜드 청교도에 속했던 사람이다. 보스톤 시대의 스코틀랜드교회는 웨스트민스터 신앙고백과 소요리문답을 권위 있는 기준으로 따름으로써 청교도 형태의 믿음과 경건을 보여주었다. 『사람 낚는 기술』의 목회신학도 웨스트민스터 문서처럼 우리가 감사하게 느낄만한 청교도적인 특성을 담고 있다.

웨스트민스터 기준들은 최고의 영국과 스코틀랜드 목회자들에 의해서 작성되었다. 1640년대 중반 그들은 자기들의 사상을 위한 방향과 테두리와 한계를 세워주는 다음과 같은 자원과 모델을 가지고 있었다.

① 그들이 능가해야만 했던 영국의 39개조(the Anglican 39 Articles)를 포함한 16세기 개혁주의 고백서들
② 칼빈과 낙스와 함께 시작했던 신학적인 주해의 유산

③ 한 세기 이상 출판물을 통해 지속한 개혁주의 견해들에서 이탈한 로마 가톨릭, 루터주의, 아르미니우스주의에 관한 강렬한 국제적인 논쟁

④ 청교도 목사들에 의해 만들어진 여러 개의 소요리문답과 많은 소요리문답 교육의 경험들

⑤ 로마 가톨릭과 개신교 학자들에 의해 출간된 성경 본문에 대한 주석적이고 주해적인 작품

⑥ 마지막으로 기독교 삶의 내적인 경건과 회심에 대한 논문

웨스트민스터의 신학적인 방법에서 가장 기본이 되는 것은 성경이 하나님의 영감으로 쓰인 일관성 있는 진리라는 것에 대한 믿음과 성경 자체로부터 검증되고 변증되는 것만을 다루려는 결심이다.

앞서 거명된 자원들에 의존해 성경의 요점들을 양심적으로 따른 웨스트민스터 신학은 스타일도 훌륭할 뿐만 아니라 내용도 탁월하다. 따라서 이것이 대서양 양 끝에서 장로교와 개혁주의 신학을 낳은 것은 놀랄 일이 아니다.

웨스트민스터신학은 삼위일체를 기반으로 하며 하나님이시며 동시에 인간이신 예수그리스도를 중보자의 역할에, 위로자 성령을 생명을 주는 역할에 둠으로써 인류의 창조자시며 심판자가 인류의 구속자요, 구원자가 되신 방식에 주목한다. 그 계획은 두 초점을 가진 타원과 같다.

첫째 초점은 은혜의 언약이다.
그리스도의 의와 피 흘림의 기반 위에서 창조자와 그의 피조물인 인간과 관계가 회복된다.

둘째 초점은 중생에서 성령에 의한 그리스도와 연합이다.
이것에 의해 타락한 인간 본성이 새로워진다. 이 모든 것 안에서 성육신하신 하나님, 구속하셨고, 부활하셨고, 다스리시며, 어느 날 심판을 위해 다시 오실 주 예수 그리스도 자신은 믿음, 소망, 사랑, 기쁨의 직접적인 목적이 되었다.

말씀과 성례전 사역을 유지하고 그의 명령에 따라 하나님을 예배할 때 모든 그리스도인이 속한 전 세계적인 교회는 구원의 무대다. 그리스도는 교회의 머리이시며 성령을 통한 모든 영적인 삶의 자원이다. 교회는 세상에 존재하는 한 그리스도인의 집이어야 한다.

이것이 웨스트민스터신학의 요약이다. 웨스트민스터 신앙고백서와 소요리문답에 나타난 회심에 대한 청교도적인 개념은 사람이 죄의 현실을 마주할 때 영적인 편안함에서 영적인 불편함으로 깨어남으로 시작되며 자기를 포기하시고 생명이시며 죄를 담당하신 그리스도께 돌아서는 것이다. 이 과정에서 주님이 주신 확신, 즉 마음이 새로워졌다는 확신을 하게 된다.

보스턴은 목회자를 '사람 낚는 어부'로 보았다. 이것은 강단에서의 목회자의 공적 사역과 일대일로 만나 권면하는 사적 사역을 통하여 사람들의 내면에서 계속 진행되는 변화를 목도하고 그들을 헌신의 자리로 부르도록 하나님께서는 사람의 마음 속에서 일하신다는 의미를 담고 있다.

웨스트민스터 신앙고백을 따르는 청교도들은 타락한 인간의 자기기만의 경향성을 믿었기 때문에 계속되는 자기 의심과 자기 점검의 필요성을 강조했다. 이것은 우울한 내향적인 기질과 관계가 없다.

중생한 자들이 자기 안에서 성령으로부터 받은 생명의 증거들을 분별하듯이 성도들은 이 훈련을 통해 스스로를 준비시키고 확신을 얻는다. 보스턴은 오직 그리스도 안에서 사는 사람들만 그리스도를 따를 수 있다는 사실을 지적하면서 『사람 낚는 기술』의 앞 부분에서 이러한 자기 점검에 많은 분량을 할애한다.

> 나는 내 안에 성령이 계신다고 생각한다. 즉 내 안에 생명이 있다고 생각한다 ⋯ 왜냐하면 ⋯ 전에는 없던 빛이 있다 ⋯ 이 빛은 내가 나의 마음의 죄를 보게 한다 ⋯ 여전한 나의 마음의 비천함을 밝혀준다 ⋯ 이 때문에 나는 그리스도를

소중히 여기게 된다. 그를 신뢰하게 된다 … 그의 사역을 위한 도움을 얻기 위해 그를 의지한다 … 시험과 유혹들 속에서 내 영혼을 그에게 들어 올리려고 노력한다. 나는 성령의 도우심을 느낀다 … 죽을 것 같은 상태로 기도의 자리에 갔다가도 생명과 함께 그 자리를 떠난다 … 나의 약함에도 나는 나의 마음에서 세 가지 불꽃을 발견한다.

① 그리스도를 향한 사랑의 불꽃을 발견한다 … 나는 그의 진리를 사랑한다 … 나는 약속을 사랑한다 … 나는 가장 공정한 것으로써 그의 경고를 사랑한다 … 하나님의 형상이 보이는 사람들을 사랑한다 … 나는 그의 사역을 사랑한다 … 나는 그의 규례를 사랑한다 … 나는 그의 영광을 사랑한다. 그는 영광을 받으셔야 한다.
② 나는 나의 가슴에서 그리스도의 의를 향한 욕구의 불꽃을 발견한다 … 나의 영혼은 … 전가된 의로 인해 칭의를 얻는다 … 때때로 나의 영혼은 해체되어 그리스도와 함께 있기를 갈망한다 ….
③ 나는 나의 영혼에서 하나님을 향한 열정의 불꽃을 발견한다 … 나는 천국을 향해 나아간다 … 나는 그리스도와 그의 길을 전보다 더 알게 된다 … 내 안에 사랑의 성장이 있다 … 나는 전보다 하나님을 더욱 신뢰할 수 있다고 생각한다 … 나의 영혼은 습관적으로 전보다 더욱 경계한다. 예전에 때때로 나의 마음에 주었던 자유를 이제 주지 않는다 … 나는 세상에 대한 경멸이 커진 것을 본다. 이것, 하나님을 송축하는 마음이 내 안에서 더욱 커진다(pp. 50).

전도(evangelism)는 보스턴이 알았던 단어가 아니었다. 하지만 사람들을 믿음과 회개로 이끌고 그의 자기 분석이 증명해주는 새로운 삶으로 그들을 인도하며 회심하지 않은 사람들을 깨운다는 의미에서 전도는 그에게 사람을 낚는 것을 의미했고, 예수님이 영혼을 얻는 모습을 보고 그가 배우려고 애썼던 기술이다.

3. 청교도 복음 전도의 성격

청교도의 복음 전도는 설교와 목회적인 권면으로 이루어졌기 때문에 으레 시간이 걸리는 것으로 생각되었고 실제로도 그랬다. 설교시간에 하나님의 강하고 갑작스러운 임재가 자주 발생하기도 했지만, 웨스트민스터 전통에서 목회자들은 한 아기를 임신하여 최종적인 출산에 이르는 과정처럼 회심의 과정은 시작부터 끝날 때까지 수개월이 걸릴 수 있다는 현실감을 갖고 있었다.

이 점에서 보스턴은 오늘날 우리에게 중요한 교훈을 준다. 오늘날에는 대중 전도(mass evangelism)가 매우 보편화되어 있다. 정확한 날짜와 함께 서술 될 수 있는 단기간에 급격히 일어나는 회심은 복음주의자들의 마음 속에서 구원을 위한 관례처럼 되었다.

명백히 그 유래는 예비순서들을 먼저 가진 다음에 전도자가 등장하여 인간의 죄와 하나님의 은혜에 대해 말하고 그리스도에 대한 헌신을 호소하고 설득된 사람들의 헌신을 확고히 돕기 위해 상담자에게 보내는 순서로 이루어지는 복음 전도대회다. 죄의 힘과 죄책감에서 우리를 구하시는 구원자로서 이후에 삶의 주인으로 예수 그리스도를 받아들이는 것을 회심의 본질로 인식하는 것은 옳다.

하지만 복음 전도대회의 바람직한 결과가 전도자의 특별한 은사와 사역 수준에 달려있다고 생각하면 오산이듯이 모든 과정이 한두 시간 안에 시작하고 끝난다고 생각하는 것은 헛된 환상이다.

현실주의(realisim)는 특별한 복음 전도사역을 사용할지라도, 즉 회심의 과정을 앞당기거나 끝내기 위해 특정한 방식을 사용할지라도 이 과정은 보통 다른 많은 단계를 거친다는 사실과 이 모든 단계 안의 결정적인 요소는 하나님의 은혜의 주권이라는 사실을 마주하도록 요구한다.

보스턴의 시대처럼 우리 시대에도 하나님이 회심을 앞당기시는 주된 방식은 증거와 가르침, 부모나 친구, 교회 선생님들의 비공식적인 격려, 복음을 설명하는 설교자들의 지속적인 신실함을 통해서다. 그러므로 사람을 낚는 어부라는 교회의 끝나지 않은 사역의 첫 번째 요구사항은 명백하고 진지한 목적의식과 간절하고 끈질긴 기도가 뒷받침하는 이런 사역들을 계속 해나가는 것이다.

4. 사역자가 따라야 할 모델

보스톤은 그가 교구 목회를 하기 전, 실습 설교자였을 때 『사람 낚는 기술』을 썼다. 그러므로 이 책은 자연스럽게 그의 주 관심사인 현재와 미래의 역할에 대한 요구와 문제와 위험에 관한 것이다. 또한, 이 작품의 후반부는 신실한 사역에서 그리스도를 따르는 것이 무엇을 의미하는지 탐구하는 것과 관련이 있다.

이런 관점에서 이 책은 나이에 관계없이 모든 사역자가 자기 점검을 위해 사용할 수 있는 고전이다. 오늘날의 설교자들은 이 책이 제공하는 명확하고, 도전적이며, 면밀한 지혜를 결코 뛰어 넘을 수 없을 것이다. 이 책의 내용을 요약해 보겠다.

> 양 떼를 목양하도록 부르심을 받은 우리는 적어도 다음의 특정 분야에서 우리의 주되신 예수 그리스도를 모델로 삼아야 한다.
>
> ① 충직함
> 심지어 사람들이 우리를 화나게 하고 우리에게 등을 돌리며 위험을 감수해야 할 때도 충직해야 한다. 우리는 하나님의 메시지를 희석시키는 사람들(trimmers)과 시간 봉사자들(time-servers)의 '육신적 정책'(carnal policy)을 거절해야 한다. 그리고 꾸짖음이 필요한 곳은 사정을 봐주지 말고 꾸짖되, 결과는 하나님께 맡기며 죄와 은혜의 현실을 단도직입적으로 제시해야 한다.

② 복음 전도의 목적

'그리스도는 영혼을 염려한다. … 설교할 때 잃어버린 양을 찾아 그들을 회심시키고 당신의 주인에게 데려다주는 것을 목표로 삼아라.'

③ 기도

그리스도는 말씀의 선포를 전후하여 기도에 시간과 에너지를 사용하셨다. 우리도 같은 것을 할 필요가 있다.

④ 한 목표에 매진함

개인적인 유익이 동기가 되는 어떤 것도 없어야 한다.

⑤ 사역에 쓰임받음

예수님은 일대일뿐만 아니라 더 큰 무리를 '지도하고 꾸짖고 사역하기 위해' 모든 기회를 취했다. 우리도 그래야만 한다. 그래서 '세상의 것에서 영적인 것을 만들어내는 하늘의 연금술을 배워야 '하고 하나님이 당신을 부르실 때 설교의 어떤 기회도 거절하지 말아야 한다.'

그가 당신을 부르실 때 당신의 게으른 모습을 보신다면 당신은 어떻게 당신이 그의 얼굴을 볼 수 있겠는가?

편안히 거하는 자들은 그리스도의 사역에서 죽은 사람들이다.

이것이 그 책의 마지막 말이다. 보스톤의 시대 150년 후 또 다른 스코틀랜드인 호라티우스 보나(Horatius Bonar)는 기독교 사역에 대한 강력한 권면의 찬송을 썼다. 이 찬송은 그가 깨달았든 아니든 간에 완벽하게 보스톤의 『사람 낚는 기술』에 나오는 권면의 내용과 완벽하게 일치한다.

나는 그가 보스톤을 잘 알아서 그의 용어를 쓰지 않고는 사역을 생각할 수 없었으리라 짐작한다. 그의 찬송가는 사역자들이 정기적으로 자기 평가를 하게 해주는 좋은 표본이다. 이 서론을 끝내는 가장 좋은 방법은 아마 그것을 모두 인용하는 것일 것이다. 이것은 보스톤의 메시지와 매우 정확하게 일치한다.

가서, 일하라, 사용하고 쓰임받으라.
아버지의 뜻을 행하는 그대의 기쁨,
이것이 주인이 갔던 길이다.
그 하인도 그 길을 여전히 따라 가야 하지 않겠는가?

가서 일하라 낮 동안에
세상의 어두운 밤이 속히 오고 있다.
서둘러라, 당신의 사역을 서둘러라, 게으름을 물리쳐라.
그렇게 해서는 영혼을 얻을 수 없다.

애쓰고 수고하고 쓰러지지 말라. 근신하고 기도하라.
영혼을 얻는 일에 실수하지 말고 현명하라.
세상의 고속도로로 가라,
방황하는 자들에게 오라고 강권하라.

수고하라. 그리고 당신의 수고에 기뻐하라.
수고에 대한 보상으로 쉼이 오고 나그네 생활에 대한 보상으로 집을 얻는다.
곧 그대는 신랑의 소리를 들을 것이다.
한밤중의 외침, '보라 내가 왔다!'

5. 『인생의 고난』

1) 『인생의 고난』이 의미하는 것

나는 30년 동안 북미에 거주한 영국인으로서 문화적인 격변의 시간 동안 영국인의 언어 사용법보다 북미인의 언어 사용법에 더욱 익숙하다. 그래서 내가 지금 말하려고 하는 것은 대서양의 동쪽에 직접 적용되지 않을 수도 있다.

그러나 다음의 사실은 분명하다. 만약 거리의 북미인—가령 밴쿠버 옴니버스(Vancouver omnibus, 버스와 같이 많은 승객을 운반하는 대중교통수단 - 역주)를 타고 있는 사람—이 『인생의 고난』(The Crook in the Lot)에 대한 언급을 듣는다면 그는 (영국인들이 아마 자산이라고 부르는) 개발되지 않은 땅에 숨어있는 범죄자를 떠올릴 것이고 그 외의 다른 의미는 상상도 못 할 것이다 (the crook in the lot을 직역할 경우에 그 의미는 '터 위의 사기꾼'이 되기 때문이다 - 역주).

하지만 보스톤이 의미하는 '고난'(the crook)은 인생에서 '굽은 것'을 가리킨다(전 7:13 참조 - 역주). 즉 개개인의 삶 속의 불편하고 불만족스러운 측면들, 청교도들이 상실과 십자가라고 부르는 것들, 신발에서 나오는 작은 돌맹이들, 침대 가시들, 안장 아래의 까칠까칠한 부분, 우리가 평생 가지고 살아야 하는 불평들이다. '인생'(the lot)은 하나님이 그의 종들로 하여금 걸어가도록 섭리가운데 정해놓으신 인생길을 의미한다.

조나단 에드워즈와 함께 성경을 기반으로 한 교회 중심적이고 믿음을 강조하며 기도에 충실하고 개인적이고 영적인 삶의 운동으로써 순수한 청교도주의를 18세기로 이어간 대표자이자 남스코틀랜드 에트릭(Ettrick)의 목사였던 보스톤은 1732년 56세로 죽을 때 이 주제에 대한 작은 논문을 남겼다.

보스톤은 출판을 위해 준비를 시작했지만, 그 일을 끝낸 것은 그의 친구들이었다. 그 작품은 다음과 같은 제목으로 1737년에 출판되었다. 『인생의 고난: 인간의 고난에 나타난 하나님의 주권과 지혜』(*The Crook in the Lot: The Sovereignty and Wisdom of God in the Afflictions of Men Displayed*)이다. 이것이 바로 지금 당신 앞에 있는 것이다.

영화 '쉐도우랜드'(Shadowlands)는 아내를 잃을 때까지 자신도 전혀 아는 바 없는 고통과 슬픔에 관해 대중에게 아는 척하던 경험 없는 이론가

C. S. 루이스를 묘사하고 있다. 이것은 의심의 여지 없이 좋은 할리우드 영화지만, 실제 루이스는 영화 속 이야기와 거리가 있는데 토마스 보스턴도 마찬가지다. 이 책은 그의 자서전에서 '내 삶에서 신음하던 시절'이라고 묘사한 부분에서 나왔다. 이것이 그의 마지막 8년이었다.

이 기간에 그는 스코틀랜드교회의 비복음적인 지도력에 대항해 계속해서 싸워야 했고 아내는 우울증으로 고통 했으며 그 또한 평생동안 그가 밝히지 않은 지병으로 고통하며 육체적으로는 파선의 지경에 이르렀다. 비록 이 논문에서 삶의 문제에 대하여 논할 때 직접적으로 자서전적이라고 할만한 것은 없지만, 보스턴은 자신이 말하고 있는 것이 무엇인지 경험으로 확실히 알았다.

독자들이 볼 수 있듯이 이것은 일곱 편의 설교로 시작한다.

처음 세 개의 설교는 전도서 7:13의 "하나님이 행하시는 일을 보라 하나님이 굽게 하신 것을 누가 능히 곧게 하겠느냐"에서 왔고,

그다음 설교는 잠언 16:19의 "겸손한 자와 함께 하여 마음을 낮추는 것이 교만한 자와 함께 하여 탈취물을 나누는 것보다 나으니라."에서 왔고,

마지막 세 개의 설교는 베드로전서 5:6의 "그러므로 하나님의 능하신 손 아래에서 겸손하라 때가 되면 너희를 높이시리라"에서 왔다. 보스턴은 건축가적인 마음을 가졌다(조나단 에드워즈는 그를 '참으로 위대한 성도'로 칭송했다). 그는 여러 본문들로부터 핵심적인 주제를 밝혀주는 시리즈 설교를 좋아했고 쉽고 유창한 영어로 설교문을 작성했다.

설교 준비를 위해 쉽고 유창한 영어로 설교문을 작성했는데 우리에게 더 잘 알려진 그의 책 『인간의 4중 상태』에서처럼 그의 설교문은 성경이 비추는 빛과 무게가 명쾌하고 완벽하게 혼합되어 우리의 마음을 두드리고 우리 존재의 표면적인 수준 훨씬 아래서 폭발적인 힘으로 충격을 주며 반복해서 우리가 특정 문제에 대해 스스로 직면하게 만든다.

이것은 에드워즈와 이전 시대의 많은 청교도가 그랬듯이, 보스턴이 실제로 설교할 때처럼, 신적 기름 부음이 그의 설교적인 글쓰기에도 임했음

을 보여준다. 이것은 또한, 하나님의 능력이 그의 언어를 통해 부어지는 방식이기도 하다. 따라서 당신이 이 책을 읽는 동안 하나님이 보스톤을 통해 당신에게 말씀하고 계심을 기억하라.

2) 『인생의 고난』에 나타나는 교리들

보스톤은 죽기 이년 전에 다음과 같이 썼다.

> 나는 예수 그리스도 안에서 나의 하나님을 축복합니다. 그분은 내가 그리스도인이 되게 하셨습니다. 나의 영혼을 일찍이 다루셨습니다(보스톤은 11살의 나이에 1662년, 영국 국교회에서 쫓겨난 목회자인 헨리 어스킨의 설교를 듣고 믿음을 갖게 되었다). 그가 나를 복음의 사역자로 만드셨습니다. 나에게 그의 은혜의 교리에 대한 참된 통찰력을 주셨습니다.

『인생의 고난』이 가정하는 이 '참된 통찰력'은 보스톤의 여러 권으로 되어있지만, 매우 일관성 있는 저술이나 그 핵심이 잘 응축되어 나타나는 웨스트민스터 신앙고백과 요리문답에서 상세하게 배울 수 있고 전체적으로 공부할 수 있다.

하지만 현대의 독자들은 이 연구를 위한 시간과 마음이 없을지 모른다. 그들의 마음은 이미 다른 개념에 사로잡혀 있을지도 모른다. 그러므로 더 나아가기 전에 나는 이 작은 논문에 꼭 맞는 교리의 구조를 대략적으로 보여주고자 한다. 이것은 학술적이기 보다 소요리문답적인 교리다. 다시 말해 이것은 그리스도인이 기독교에 무지한 사람들이 하나님을 알고 사랑하고 예배하고 섬기는 예수 그리스도의 참 제자가 되게 하려고 그들에게 제시할 수 있는 진리다.

① 삼위일체 하나님 - 그분을 통해 우리가 존재한다. 우리는 항상 그분의 손안에 있다. 하나님은 적절한 방법으로 우리를 심판하시고 우리에게 영생의 상을 베푸실 것이다. 그분은 자기 세계의 모든 것에 대해 주권적이시고 인간의 자유 선택까지 다스리신다.

② 인간의 마음은 태어나면서부터 자기중심적이고 자기 기만적이며 자기 숭배적이다. 하나님의 말씀에 무반응적이고 적대적이다. 따라서 모든 사람은 변화되지 않으면 최종적인 정죄와 거절, 하나님과의 교제와 사랑에서 분리된 삶을 살 수밖에 없다.

③ 예수 그리스도 - 성육신하신 주시며 중보자시요, 예언자, 제사장, 왕이시자 못 박히시고 부활하시고 다스리시는 예수 그리스도는 그 자신을 모든 이에게 주셨다. 그는 복음을 듣는 모든 사람이 그를 구원자이자 주님의 친구로 신뢰하고 받아들이도록 초대하고 명령하신다. 그 안에서, 그를 통해, 그들은 용서받고 회복되며 아들의 형상으로 변화시키기 위해 하나님이 양자로 삼으신다.

④ 성령에 의해 마음의 중생을 하고 이를 통해 그리스도를 구하는 사람들은 그분을 발견할 것이다. 그러면 그들은 내주하시는 성령의 능력을 받아 그의 제자로서 새로운 삶을 산다.

⑤ 모든 제자의 삶에 절대 유쾌하지 않으며 환영할 수 없는 굽은 것들(crooked things)이 있다. 이것은 하나님이 우리를 시험하고 강하게 하시며 겸손케 하시고 훈계하시고 교훈과 지식과 회개와 성화를 가르치시며 더 큰 악에서 우리를 보호하시고 우리를 축복하시기 위해 사용하시는, 처음에는 굽은 것 같이 보이는 것들이다.

⑥ 어떤 경우에도 인생에서 겪는 고난은 오직 이 세상에 한정된다. 하나님이 지금 여기에서 고통받는 백성들이 기도할 때 그들을 구원하신다는 지식은 지식은 연단의 시기에, "우리가 알거니와 하나님을 사랑하는 자 곧 그의 뜻대로 부르심을 입은 자들에게는 모든 것이 합력하여 선을 이루느니라"라는 확실한 진리를 굳건하게 붙들도록 돕고 고난을 견디게 한다.

이것이 보스톤이 독자들에게 약간의 인식을 하도록 기대하는 기본적인 진리들이다. 그의 논문은 우리에게 이 중에서 많은 것을 상기시킬 것이고 어떤 것들은 더 큰 울림을 줄 것이다. 하지만 어떤 것도 새로운 아이디어로 소개되지 않는다.

보스톤은 자기의 역할이 사람들의 이해를 돕고 사람들이 이미 알고 있는 것을 더 철저히 적용하도록 돕는 것으로 보았다. 보스톤의 몇 가지 아이디어는 우리에게 새로운 것일 수 있다.

하지만 이것이 그의 첫 번째 독자들에게도 새로운 것이었음을 의미하지 않는다. 소요리문답만 놓고 봤을 때, 보스톤 시대의 회중이 우리보다 더 잘 배웠다는 것은 분명해 보인다. 당신이 교회와 개인의 삶으로부터 나오는 소요리 문답의 방식을 생각해 보면, 결코 놀라운 일이 아니다.

이런 분명한 진리와 함께 이제 우리는 『인생의 고난』을 읽을 준비가 되었다. 즉 그것으로부터 달콤함을 뽑아낼 준비가 되었다.

3) 『인생의 고난』이 의도한 목적

이런 목적을 위해 두 가지 질문을 준비했다.

첫째, 보스톤은 이 책을 통해 에트릭의 청자들과 우리 같은 독자들이 무엇을 하기를 의도한 것일까?
어떤 목적으로 그는 이 자료를 선택하고 배열했는가?
목회적으로 그의 목적은 무엇이었는가?
나는 특정한 목표를 갖는 것의 중요성을 오래전부터 알고 있다.
둘째, 보스톤은 무엇을 성취하기를 원했던 것인가?

부분적인 대답은 다음과 같다. 사람들을 가르치기 위함이다. 목회사역에서 세 가지 우선순위는 첫째도 가르침이고 둘째도 가르침이고 셋째도 가르침이라는 말이 있는데 보스톤도 이에 동의했을 것이다.

청교도 전통에서 가르침이 자신이 알고 있는 것을 다른 사람들도 이해하도록 돕는 것이라면 설교는 가르침에 적용을 더한 것이고, 적용은 마음의 교훈적인 관여(didactic engagement)다. 이 입장의 근거는 모든 진리가 이해를 통해 마음으로 들어가고 참 기독교는 본질적으로 하나님의 계시 된 진리에 대한 믿음과 순종이며, 내러티브, 우화, 논증, 환상과 같은 다양한 형태로 표현된 성경은 그 자체로 바울이 말한 것처럼 "교훈과 책망과 바르게 함과 의로 교육하기에 유익한"(딤후 3:16, NASB) 진리라는 것이다.

보스톤의 교수법은 한 가지 방식 이상으로 성경적 이해를 넓힌다; 그가 가져온 본문들은 그들이 지지하기 위해서 인용되는 진리를 조명한다. 다음 순서로 그 조명된 진리는 그들 자신의 시대에서 그 단락이 가지는 의미와 중요성을 밝혀준다. 이 사실을 현대적으로 표현하면 보스톤의 정경적인 해석(canonical interpretation) 기술을 칭찬하는 것이다. 즉 구속자 되신 창조자 하나님의 의지, 사역, 방식들과 경건한 자들이 배워야 하는 하나님, 세상, 삶에 대한 지혜를 일관성 있고 통일된 방식으로 제시하는 기술과 신학적으로 연합한 구약과 신약성경 66권 전체에 대한 그의 통찰력 때문에 보스톤을 칭찬하는 것이다.

보스톤은 칼빈과 그 이전 청교도들이 그랬듯이 오늘날 이 분야의 대부분의 시도를 영적으로나 지적으로 훨씬 더 능가하는 성경 해석을 제공하고 있다. 사람들은 성경의 영감자이자 궁극적인 해석자가 되어야 하는 성령에 대한 의존의 깊이가 이 사실과 관계가 있다고 추측한다.

여기에서 그의 모든 가르침이 좋은 결실을 맺게 하기 위한 보스톤의 기본적인 주장은 이것이다.

> 괴롭게 하는 사건들에 대한 공정한 관점은 그 가운데 있는 그리스도인의 행실에 매우 필요하다. 이 견해는 감각에 의해서가 아니라 오직 믿음에 의해 획득되어야 한다. 왜냐하면, 말씀만이 고난을 올바르게 해석해주고 그 안에

서 진행되고 있는 하나님의 역사를 발견하게 하며 결과적으로 하나님의 완전성이 돋보이는 그의 계획을 보여주기 때문이다.

위에 제시된 구원의 계획에 대한 일반적인 지식을 가정한 채 먼저 그는 날카롭고 정확하게 인생의 고난(혐오감과 불평을 조성하고 불만족하게 하는 모든 유혹들을 불러일으키는 상황들)이 무엇인지를 우리에게 보여준다. 그런 뒤 우리를 위해 고난(우리 자신 안에 있는 결점들, 때로 보이고 때로 보이지 않는 불명예; 우리의 노력에도 적절한 성공을 거두지 못하는 것, 모든 나쁜 관계)이 인생에서 어떤 방식으로 나타나는지 분석한다.

다음으로 그는 그것 중 어떤 것들은 삶이 지속하는 한 계속 함께 갈 수밖에 없음을 인정하면서 어떻게 우리가 '심지어' 범죄자도 하나님의 도움을 구해야 할지 말해준다.

마지막으로 그는 어떻게 우리가 우리의 기대를 약속된 소망에 두어야 할지 설명한다. 스위스와 서부 캐나다에서 기차가 나선형 터널을 통해 높이 올라가듯이 새로운 각도에서 새롭게 조명된 보스톤의 요점은 우리의 이해를 높여준다. 처음부터 마지막까지 보스톤은 우리에게 미국인들은 검토(review)라고 부르는 방식으로, 영국인들은 수정(revision)이라고 부르는 방식으로 거장다운 가르침을 준다.

하지만 이것은 보스톤이 의도한 전부는 아니다. 가르침은 목적 그 자체라기보다 그의 목적을 이루기 위한 수단이다. 그의 목적은 다른 모든 참 설교자처럼 설교하는 대상을 변화시키거나 적어도 하나님의 능력으로 변화되는 삶을 보는 것이다.

여기서, 회심하지 않은 사람들을 믿음과 거듭남으로 이끄는 그의 영구적인 목적과 함께, 그의 분명한 목적은 신자들이 자신의 삶에서 피할 수 없는 불완전함에 직면할 때, 경건하고 현실적이며 소망으로 가득한 겸손함 속에서 그리스도의 제자로 훈련하는 것이다. 그는 우리가 삶의 실망과 상실과 한계에 부딪칠 때 전적으로 하나님의 섭리의 지혜와 선하심을 확신하고 하나님을 영화롭게 하는 방식으로 그것들을 다루기 원한다.

겸손과 꾸준한 기도로 사람들을 세워주길 원했던 보스턴은 이런 점에서 의식적으로 연약한 사람들을 향해 사역하고 있다. 그의 책은 종이에 쓰인 설교다. 만약 이것이 독자들의 마음을 움직이지 못하고 그들을 변화시키지 못한다면 그는 실패했다고 생각할 것이다. 우리는 아마 그 실패를 보스턴의 인생의 고난(a crook in his own lot)이라고 말할 것이다.

4)『인생의 고난』이 주는 메시지

여기에 나의 두번 째 질문이 있다.
이 책은 오늘을 위한 메시지인가?
대답은 내가 믿기로 가장 확실하게 '그렇다.' 하지만 현대인들이 듣기에 매우 어려운 메시지임을 알게 될 것이다.
왜일까?
그 이유는 다음과 같다. 심리학자들과 철학자들은 사람들이 일반적으로 그들의 마음속에서 양립할 수 없는 고정된 사상, 욕구, 가치, 기대 목적이 있으나 그것들이 양립할 수 없다는 사실은 인식하지 못함을 알게 되었다. 그들은 이것을 인식적인 불협화음이라고 부른다.

목회적으로 이 통찰은 중요하다. 왜냐하면, 우리가 세상의 모든 신자에게서 발견하는 믿음과 불신앙, 지혜와 어리석음, 영적인 분별과 영적인 근시안의 혼합은 사실상 그리스도인의 마음속에 인식적인 불협화음, 즉 하나님의 것들에 대한 계속되는 자기모순과 비일관성이 있음을 설명해준다. 그래서 목회자들은 항상 이런 종류의 실수들을 감지하고 바로잡아야 한다.

오늘날 복음주의 개신교도 사이에 널리 퍼져있는 인식적인 불협화음은 다음과 같다(흥미롭게도 이것들은 로마 가톨릭과 정교회에서 발견되지 않는다).

그리스도께서 그를 따르는 자들에게 자기를 부인하라고 말씀하신 것은 아무도 의심하지 않는다. 자기 부인이란 스스로 소중히 여겼던 개인적인 소망과 꿈을 하나님께 드리고 이것이 성취되지 않은 것도 그의 계획 일부임을 받아들이는 것이다.

또한, 자기 십자가를 진다는 것은 예수님도 그러하셨듯이 십자가를 정해진 장소로 운반하도록 명령받은 사람처럼 기꺼이 불명예스럽게 버림받는 삶을 받아들이는 것이다.

제자도는 잘 될 때도 있고 그렇지 않을 때도 있다는 것과 기쁨이 있으면 실망도 있다는 예수님의 분명하고도 냉정한 경고에 도전하는 그리스도인은 없다. 하지만 동시에 편안함에 맞추어진 우리 시대의 물질주의는 고통도 문제도 없는 삶이 사실상 인간의 권리라고 권면한다.

그들은 하나님의 자녀이므로 항상 모든 문제로부터 보호받을 것이며 마치 크루즈를 탄 것처럼 모든 기쁜 것을 받으며 꽃 길을 걷게 될 것이라고 착각하게 한다. 이런 증상의 성급하고도 단순한 형태는 대중 미디어에 나오는 사람들이 외치는 건강과 부의 복음에서 발견된다.

조금 더 깊이 있고 복잡한 형태는 사별과 배반, 불치병, 사업의 부도나 각종 트라우마가 발생했을 때 나오는 고통스러운 질문에서 나타난다.

'하나님이 어떻게 나에게 이런 일이 일어나게 하실 수 있는가?'

만약 하실 수만 있다면 하나님이 그것을 멈추게 하셨을텐데 결국 하실 수 없으셨다는 반증으로 여긴다. 특히 이런 반응은 하나님의 주권이 제한되어 있다고 믿는 신학적인 이론들에서 좀 더 나타난다.

여기서 우리는 사람들의 가슴 속에 깊이 닻을 내린 인식론적인 불협화음을 만난다. 우리가 가지고 있는 이런 고약한 환상들은 쉽게 사라지지 않는다. 이러한 환상이 죽지 않으면 보스톤의 현실주의를 받아들이기 어렵다.

이 책의 순수한 성경적인 지혜는 우리에게 절실히 필요하다. 나는 이것이 편리한 형태로 다시 이용 가능하게 되어 기쁘다. 나의 글이 새로운 세대가 하나님에 대한 이해와 감사함을 가지고 이 책을 읽는데 도움이 되길 바란다.

6. 『회개』

1) 회개의 의미

종교개혁은 잘못된 사상으로 오랫동안 왜곡되고 감추어진 많은 성경적 진리에 빛을 비추었다. 예를 들어 성경의 권위, 믿음에 의한 칭의, 은혜로 인한 구원, 교회와 성례전에 대한 참된 이해가 그것이다. 회개 또한 그중 하나다.

중세시대에 회개는 '보속'(penance)과 동일시되었다. 보속이란 사제에게 죄를 고백하면 죄인에게 훈계적인 벌칙이 부과되고 면죄 선언이 뒤따르는 것이다. 이것만이 문제가 아니다. 왜냐하면, 이론상으로 영원한 정죄와 일시적인 책망이 구별되는데 면죄 선언이 죄인들을 지옥에서 구원하여 영원한 정죄를 해결하는 반면, 죽음 이후에는 일시적인 책망을 견디며 반드시 연옥에서 시간을 보내야만 하기 때문이다.

하지만 교황의 재량으로 발행되고 성인들의 무한한 의의 보고로 보증되는 면죄부는 연옥의 기간을 줄여준다.

종교개혁운동을 촉발시킨 것은 바로 죄와 상관없이 연옥에서 구매자를 즉시 효과적으로 꺼내는 면죄부의 판매에 대한 루터의 성난 도전이었다. 루터가 1517년 10월 31일에 대학교 성경 교수와 비텐베르그성(聖)교회 설교 목사라는 두 가지 직분을 가지고 교회 문에 붙인 95개조 반박문의 처음 두 항목은 다음과 같다.

> ① 우리 주 예수 그리스도께서 회개하라고 하셨다. 이 뜻은 신자의 삶 전체가 회개하는 삶이 되어야 함을 의미한다.
> ② 이 말씀의 뜻은 신부가 집행하는 죄의 자복과 죄의 사면에 관한 속죄 성례의 뜻(즉 고해 보속[훈계적인 벌칙])과 전혀 다른 것이다.

루터의 요지는 회개란 전심으로 돌아서는 것 또는 하나님께 돌아가는 것을 의미하며 그리스도인의 삶은 믿음의 생명으로써 회개의 삶이 되어야 한다는 것이다.

이것은 칼빈의 『기독교강요』(III.I, ii-iv), 『영국 기도서』(*Anglican Prayer Book*)의 매주 정해진 예배, 순교자 존 브래드포드(John Bradford)에 의한 고전적인 설교, 엘리자베스 시대의 개혁주의와 경건 신학자 윌리엄 퍼킨스의 작은 책, 그 이후 회개를 천국의 문까지 가지고 갈 희망했던 마태의 아버지 필립 헨리(Philp Henry)의 선언에 의해 왕관을 쓰게 될 많은 청교도 저작이 공통적으로 말하는 바다.

그러나 청교도의 관심은 점진적인 거듭남과 중생에 있었기 때문에 청교도의 강조는 점점 더 회개의 삶으로 이끌어주는 첫 회개(initial repentance)는 그들에게 매우 중요했으며 이것은 웨스트민스터 신앙고백서 15장, '생명에 이르는 회개'에 반영되어 있다.

① 생명에 이르는 회개는 복음의 은혜다. 따라서 이 교리는 그리스도를 믿는 신앙의 교리와 마찬가지로 모든 복음 사역자가 전파해야 한다.
② 죄인이 자기 죄가 하나님의 거룩한 성품과 공의로운 율법에 어긋나서 위험하고 더러우며 추악하다는 사실을 보지도 못하고 깨닫지도 못하다가 회개함으로 크게 뉘우치는 자에게 향한 그리스도 안에 있는 하나님의 긍휼을 깨달을 때 자기 죄를 미워하여 다 버리고 하나님께 돌아와 하나님의 계명을 따라 그와 동행하기로 하고 노력한다.
⑤ 누구든지 전체적인 회개만으로 자족해서는 안 되며 자기의 개별적인 죄에 대해 개별적인 회개를 하기에 힘써야 한다.

지금 우리 앞에 있는 이 책에서 남스코틀랜드 에트릭의 목회자이자 청교도 신학과 그 이전의 종교개혁 사상의 계승자이며 챔피언인 토마스 보스톤(1676-1732)은 회개의 필요성과 성격, 긴급성이 삶과 생명의 주제를 무시하거나 연기하는 어리석음에 대해 그의 회중들을 위해 먼저 처음 썼던 성경 주해들을 책으로 출간했다.

이 설교는 보스톤이 가진 모든 자질을 보여준다. 성경 본문과 가르침에 대한 놀라운 숙달, 인간 마음에 대한 심오한 지식, 주해에 나타난 위대한 철저함과 명쾌함, 양심의 탐구와 적용에서 보여주는 위대한 기술, 우리와 같이 타락한 죄인을 향한 하나님의 은혜를 아는 것이 그것이다. 이 책에 대한 적절한 감사는 보스톤의 지혜의 세계로 들어가기 전에 우리의 마음을 어느 정도 준비시켜 줄 것이다.

2) 보스톤의 믿음

옥스퍼드의 메카로 들어가는 정문 옆에 다음과 같은 건출물들이 있다.

> 대학의 행정 본부 클래런돈 빌딩(Clarendon Building)
> 학위 수여식이 열리는 쉘도니안 극장(the Sheldonian Theater)
> 디비니티 홀(the medieval Divinity School)과 세계적으로 유명한 보들리안도서관(Bodleian Library)
> 위대한 인물들(Big Brains) 중 몇 개의 머리를 조각한 조각상을 지지하던 기둥들

그러나 내가 대학생이었을 때 그 조각상들은 너무 손상되어 인간의 머리라는 정도만 알 수 있을 뿐이었다. 하지만 지금은 모두 복원되었다. 보스톤은 하나님과 우리 자신에 대해 성경에 근거한 청교도의 깊은 확신에서 성경 본문을 주해하고 적용하는 것 같다.

현대의 생각은 이러한 신앙을 좋게 여기지 않기 때문에 처음에 그것은 우리에게 전혀 적절하지 않고 이상하며 시대착오적인 것처럼 보인다. 보스톤에 따르면 우리는 삼위일체 하나님을 통해 존재하고 그분의 손안에 있으며 어느 날 그분은 우리의 운명을 결정하실 것이다.

보스톤은 그 삼위일체의 하나님의 거룩하심이 그분의 실재를 깨닫는 모든 사람 안에 있는 죄책감, 수치감, 불의함, 더러움, 타락, 오염, 공로 없음과 부패함을 보게 한다고 믿는다. 또한 하나님은 그분의 세계의 모든 것에 대해, 심지어 인간의 자유 선택에서도 주권적이시다.

하지만 오늘날 대부분 사람은 위에 계신 존재를 여전히 인정하면서도 (또는 아마 '윗집의 사람') 하나님의 본성에 대해 어떤 기대나 기준 없이 단순히 친절하거나 매 순간 위험으로부터 보호하고 도와주는 존재 정도로 가정한다. 또는 비인격적인 우주적인 힘, 즉 누구에게도 별문제가 되지 않는 그(he)가 아니라 그것(it)이다. 결과적으로 마치 하나님이 존재하지 않는 것처럼 사는 것이 상식이 되었다.

다시 한번, 보스톤은 예수 그리스도는 신이시며 인간이신 주이시자 중보자, 십자가에 못 박히시고 부활하신, 또한 통치하시고 다시 오실 우리의 예언자, 제사장, 왕이시며 복음 안에서 그 자신을 모든 사람에게 내어주신다고 믿는다.

또한, 그는 예수 그리스도를 통해 사람들은 용서, 용납, 하나님의 가족으로 양자 됨을 발견할 것이고 예수 그리스도는 그들의 구원자, 주이시자 친구로서 그를 믿는 모든 사람을 아들의 형상으로 변화되도록 초청하시고 명령하신다고 믿는다. 보스톤은 예수님이 언젠가 모든 사람을 심판하실 것이며 그들의 운명은 예수님과 영원한 천국에 있거나 예수님 없이 영원한 지옥에 있을 것이라고 한다.

하지만 오늘날 대부분 사람은 예수님을 선행의 모델이 되어준 우리 중 더 선한 사람일 뿐이라고 생각한다. 그들은 예수님에 대한 대부분 그리스도인의 믿음을 단순한 미신적 상상으로 치부한다. 죽음에 대해 예수님과 관계없는 즉각적인 행복이나 즉각적인 소멸로 여긴다.

또한, 보스톤은 성경은 마치 조명등과 같다고 믿는다. 즉, 보스톤은 하나님이 지금 여기에서 우리를 보시듯이 우리가 진짜 누구인지 보여주는 성경의 가르침, 서사들, 전기들, 환경들로부터 나와서 우리 위에 비추는 빛과 함께 조명등의 중심에 우리가 서 있다고 믿는다. 그는 하나님의 성령은 우리가 하나님의 심판을 통과하도록 인도하고 성경에서 정확하게 회개가 의미하는 바인, 우리의 길을 변화시키기 위해 일하신다고 믿는다.

따라서 보스톤이 생각하기에 오직 이러한 방법으로 우리는 다음과 같이 바울의 말을 이해할 수 있다고 생각했다.

> 모든 성경은 하나님의 감동으로 되었으며 교훈과 책망과 바르게 함과 의로 교육하기에 유익하니(딤후 3:16).

하지만 오늘날 대부분의 사람들은 성경을 기껏해야 종교에 대한 고대 사상의 모음이라고 여기고, 그 중 어떤 것은 영감을 주기도 하지만 대부분 기이하고 진부하기 때문에 종교적으로, 세속적으로 다양한 문화가 공존하는 세상에서 이 모든 내용은 개정되어야 한다고 주장한다. 본질적으로 종교는 인간의 창조물로 여기는 이성 중심의 관점이 활개를 펼치는 동안 성경의 계시는 구덩이에 묻혀있게 되었다.

마지막으로 보스톤은 하나님의 성령에 의한 마음의 중생은 참으로 새로 창조된 삶을 부여한다고 믿는다. 그리스도 안에서 믿음의 훈련, 하나님을 향한 회개의 훈련, 마음의 겸비함, 주안에서 기쁨, 예배와 성찬에서 나타나는 하나님을 향한 자기 부인과 섬김으로 나타나는 타인을 향한 적극적 사랑, 이 모든 것에 대한 변화의 열정, 이것이 새롭게 창조된 삶의 모습들이다. 그러나 오늘날 우리 중 대부분이 종교를 하나의 목발같이 고뇌하는 자아를 위한 위안으로 여기고 그것 없이도 잘 살아갈 수 있다고 생각한다.

따라서 앞서 묘사된 복음주의적인 존재는 스스로 속이는 위선적인 것으로 묵살된다. 보스톤의 회개에 대한 가르침이 안내하는 영적인 실재의 세계는 어쨌거나 지금 우리 앞에 있다. 그 세계에 속하지 않은 사람은 우리는 영혼의 의사인 보스톤에게 감사하는 마음이 없을 것이다. 그는 당대에 보스톤은 탁월한 성경학자로서뿐만 아니라 손꼽히는 목회의 거장으로서 존경받았다.

보스톤의 『인간 본성의 4중 상태』는 천국어 이르는 길에 대한 일반인의 입문서로 스코틀랜드 전역에 유포되었다. 3세기 후인 오늘날에도 이 하나님의 사람은 우리의 망가진 삶에 대해 성경의 탐조등을 밝히고, 우리가 하나님의 말씀을 듣고 그를 만나도록 회개한 삶과 그렇지 않은 삶을 묘사한다. 그의 스타일은 매우 명쾌하며 적절한 단어로 간결하게 표현하는 기술까지 겸비하고 있다. 마치 치즈처럼 그가 우리에게 주는 것을 씹으면 씹을수록 당신은 더 깊은 풍미를 얻게 될 것이다.

3) 설교의 대상

이러한 회개에 관한 이런 설교는 누구를 대상으로 하는가? 넓은 의미에서 이것은 다른 종교개혁적인 청교도 설교나 진정한 복음주의적인 설교처럼 모든 사람을 위한 참 메시지이자 하나님에 대한 진리의 선언이다. 모든 사람은 반복해서 하나님의 거룩, 경외, 은혜로우심, 신실하심, 정의, 위대함, 영광의 현실에 관해 상기할 필요가 있다. 이런 주제들은 보스톤이 그랬듯이 설교에서 우선적이고 근본적으로 다뤄져야 한다.

그의 설교에서는 항상 전지전능하시고 편재하시며 그리스도 안에서 자비와 심판을 하시고 인간의 마음을 아시고 조금씩 변화시키시는 하나님이 주체다. 보스턴은 하나님 중심적이었으며 더 나아가 조나단 에드워즈와 같이 하나님 중독적인 설교자였다. 설교자로서 그의 첫 번째 관심은 설교자뿐만 아니라 청자도 동일하게 하나님 중심적이어야 한다는 것이었다.

우리는 오늘날 인간들을 문제에서 구원하기 위해 하나님께서 워데하우스(P. G. Wodehouse)의 웃음거리가 된 소설(들)에 나오는 지브스(Jeeves)처럼 등장하는 인간 중심의 설교에 너무 익숙해져 있다. 따라서 우리 중 몇몇은 보스톤의 관점에 적응하기 힘들 수 있다. 하지만 이런 설교야말로 인간이 죄를 멈추고 하나님께 더 가까이 돌아오게 하기 위한 하나님 편의 말씀이다. 따라서 이 질문은 생각해 봄직하다.

보스톤이 설교하는 대상은 특별히 누구인가?

이 질문의 답변은 의심의 여지가 없다. 보스톤은 회개치 않는 종교적인 사람들에게 말하고 있다. 이들은 나이와 신분에 관계없이 두 종류의 사람, 즉 자기만족에 빠져 잘난체하는 사람과 게으르고 미루기 좋아하며 영적으로 잠자고 있는 사람이다. 그는 전자의 교만과 후자의 나약함을 모두 제거하고 그들 모두를 필요로 하는 회개로 이끌고자 한 것이다. 이것이 바로 그가 말하는 '회개 사역'이다.

처음에 그는 회개가 마음의 문제고, 전 생애적인 임무라고 설명한다. 그는 또한, 회개가 말씀을 통한 하나님의 영적인 선물이며, 확신, 절망, 그리스도에 대한 믿음과 관련된 변화라고 설명한다. 보스턴은 회개를 마음의 겸손이자 '거룩한 수치'와 자신의 폭력성을 싫어하는 것이고, 그가 알고 있는 모든 죄를 고백하고 거절하며 그것으로부터 돌이키되, 영원하고 완전한 순종으로의 헌신을 위해 신실하게 그리고 전적으로 하나님께 돌아서는 것이라고 말한다.

다음으로 그는 회개의 동기로써 하나님의 명령과 부르심, 죄를 죽이는 효과, 죽음과 판단의 예견, 그리스도의 고뇌, 죄가 하나님께 행하는 불명예에 대해 언급한다. 그런 뒤 그는 회개를 미루는 것이 어떻게 영혼을 파괴하는지도 보여준다. 그는 회개하지 않은 자의 정죄 된 상태에 대해서도 다룬다. 그는 진지한 개인적인 회개를 위해서도 다시 한번 간청한다. 이런 스토리 라인을 토대로 그는 자신의 다른 실천적인 작품처럼 하나님의 방식에 대한 여러 가지 지혜를 언급한다.

보스톤은 마음이 통하는 독자들에게 전해 줄 것이 많이 있다. 하지만 주파수를 맞추느냐 아니냐 하는 것이 진짜 문제라고 생각한다. 오늘날 자칭 그리스도인이라고 하는 사람이 많다. 그들의 신실함과 열정은 대단하지만, 경건 서적에 대한 그들의 독서 수준은 수박 겉핥기식이다. 그런 사람들에게 보스톤의 책을 준다면 몇 장 읽기도 전에 어렵다는 이유로, 시대착

오적이라는 이유로, 메말랐다는 이유로 중도에 포기하고 말 것이다.

진실로 보스톤은 다른 청교도 설교자들처럼 후천적인 기호가 될 수밖에 없다. 하지만 보스톤의 책이 왜 고전에 속할지 의구심이 들어 서론으로 돌아간 사람들은 계속 읽기를 권한다. 필요하다면 부탁하고 싶다. 볼펜을 들어 보스톤의 논제들을 적어보라. 그가 하나님에 대해 말하는 모든 것에 주목하라. 다 읽었다면 한 번 더 읽으라. 곧 이것이 시간 낭비가 아니었음을 알게 될 것이다.

지금 내 앞에 다음과 같은 제목으로 한 수련회 주제를 알리는 쪽지가 있다. "21세기의 축복 된 삶에 이르는 길, 회개" 이 제목은 진리를 선포한다. 보스톤은 우리 모두를 이러한 축복된 삶으로 인도할 수 있다. 따라서 읽어라. 생각하고 기도하라. 이 책을 통해 하나님이 당신을 축복하시길 바란다.

제3부
두 명의 청교도 모델

제1장 윌리엄 퍼킨스(1558-1602): 청교도 개척자
제2장 리처드 백스터(1615-1691): 모든 사역을 위한 사역자

청교도에 대한 이번 개요는 초기와 중기 청교도를 대표하는 두 명의 뛰어난 인물에 대한 상세한 소개로 마무리 지으려고 한다. 수년 전 『하나님의 거인들 사이에서』(*Among God's Giants*)라는 제목으로 청교도에 대해 집필했는데 이 책은 미국에서 강조점을 약간 바꾸어 『경건에 관한 탐구』(*A Quest for Godliness*)라는 제목으로 출판되었다.

이 책의 제목은 청교도주의의 지도자들을 현명하고 헌신 된 목회적인 개척자들의 무리로 보는 청교도 지도자들의 위상에 대한 나의 인식의 반영이다.

존 오웬과 존 번연과 함께 윌리엄 퍼킨스와 리차드 백스터는 나에게 거인 중의 거인으로 인식된다.

퍼킨스는 초기 청교도, 백스터는 중기 청교도, 오웬과 번연은 후기 청교도를 대표하는데 이 중에서 퍼킨스와 백스터에 대한 나의 소개가 독자가 그들의 뛰어난 자질을 높이 사고 나와 함께 그들로 인해 하나님께 감사하며 지혜를 얻어낼 수 있기를 바란다.

제1장

윌리엄 퍼킨스(1558-1602): 청교도 개척자

―― *Puritan Portraits* ――

윌리엄 퍼킨스는 역사학자나 신학자 이외에는 잘 알려지지 않은 이름이다. 따라서 퍼킨스가 1585년에서 1635년까지 반세기 동안 일반인이 읽는 기독교 서적의 인기 도서 작가였다는 사실을 알면 놀랄 것이다. 더 나아가 그는 누군가 '정통주의의 삼위일체'(the trinity of the orthodox)라고 부른 사람 가운데 칼빈, 베자와 함께 세 번째로 평가될 정도로 국제적으로 잘 알려진 영국 신학자였다. 이것은 사실이다.

90여 개의 판이 네덜란드어로 번역 출판되었고, 50여 개의 책이 스위스어와 독일어로, 더 적은 양으로는 6개의 다른 언어로 번역 출간되었다. 리처드 백스터를 제외하고 퍼킨스보다 더 잘 팔린 청교도 작가는 없다.

또한, 어떤 청교도 사상가도 이만큼 역사적인 청교도를 형상화하고 공고히 한 사람은 없다. 오늘날 많은 사람은 진짜 청교도가 19세기 소설이나 역사서에서 상상하듯 기이하고 전투적인 개신교 형식주의가 아님을 안다.

많은 사람이 알기로 진짜 청교도는 교육, 전도, 경제, 제자도, 경건과 목회적인 돌봄을 통해 개인, 가정, 교회, 지역사회와 국가의 영적인 회복을 추구하는 복음적인 경건 운동이다.

많은 사람은 진짜 청교도 신앙이 무엇을 중심에 놓는지 알고 있다. 바로 부흥과 회개, 자기 의심, 자아 성찰, 합리적인 성경주의, 의로운 행위, 이성적이고 논증적인 묵상(discursive meditation)과 아름답고 조리있는 기도

(rhetorical prayer), 구주 되신 예수 그리스도에 대한 믿음과 사랑, 섭리, 은혜, 심판에 대한 하나님의 주권에 대한 인식, 근거 있는 확신으로 인한 위로와 기쁨, 양심을 가르치고 소중히 여길 필요성, 세상, 즉 혈과 육과 사탄을 향한 영적인 전쟁, 훈육과 의무에 대한 윤리, 성인들의 영광에 대한 소망 말이다.

하지만 이런 틀 안에서 매우 구체적으로 청교도를 확립한 사람이 바로 퍼킨스라는 것을 아는 사람은 드물다.

윌리엄 퍼킨스는 누구였는가?

퍼킨스는 다소 베일에 가려진 인물이긴 하지만, 그의 삶의 몇 가지 주요한 사실에는 의심의 여지가 없다. 그는 분명 엘리자베스 여왕과 정확하게 동시대 인물이다. 왜냐하면, 그가 태어난 1558년은 엘리자베스 여왕이 즉위한 해다. 또한, 그는 계속되는 담석으로 1602년 44세의 나이로 작고했는데, 바로 엘리자베스 여왕이 죽기 1년 전이었다.

퍼킨스는 워릭셔(Warwickshire, 영국 중남부의 주 - 역주) 사람으로 1577년 엘리자베스 시대의 기준으로는 늦은 나이인 19살에 당시 케임브리지대학교에서 가장 청교도적이었던 크라이스트칼리지에 들어갔고, 거기서 훗날 엠마누엘칼리지의 학장이자 퍼킨스의 평생 친구가 된 유명한 복음 전도가인 로렌스 체더톤(Laurence Chaderton)을 그의 지도교수로 만났다.

처음에 퍼킨스는 마음을 잡지 못했으나 나중에 전환점을 맞았다. 이제 신학을 향한 열정이 그때까지 그를 특징지었던 점성학에 대한 열심을 대신했다.

또한, 하나님의 것에 대해 그가 통달한 철저함과 속도로 동료들에게 깊은 인상을 남겼다. 석사 과정을 졸업한 1584년, 그는 크라이스트칼리지의 연구원으로 뽑히게 되었는데 거기서 학부생들의 강사로 뛰어난 활약을 시작했다.

몇 달간 케임브리지 감옥의 자원봉사자들을 대상으로 했던 매우 놀랍도록 효과적인 전도를 포함해 그 해가 끝나기 전, 그는 유명한 성(聖)앤드류

교회의 설교자로 부임했는데 그곳은 교구 목사에게 일 년에 10파운드라는 봉급을 줄 만큼 가난한 소외계층의 교회였다. 그곳에서 퍼킨스는 강사였으며 교구 목사는 아니었다. 설교에 대한 사례비는 모두 개인적인 경로로 받았다.

1595년, 그가 그랜트체스터(Grantchester)의 티모디 크레독(Timothye Cradock)이라는 이름의 여성과 결혼하기 위해 독신 공동체인 크라이스트칼리지를 떠났을 때 교구 성도와 부유한 지지자들은 성앤드류에서 그의 사역이 지속하도록 그의 사례비를 늘렸다. 그의 사역은 7년 후 그가 일곱 자녀를 두고 죽을 때까지 계속되었다.

1613년에 그가 죽은 지 10년이 지났을 때 대학생이 된, 당시는 12살로 아직 비신자였던, 토마스 굿윈은 회고하기를, 마을 사람은 여전히 퍼킨스 씨의 능력과 사역을 생생히 기억하며 그에 관해 이야기했다고 전한다.

이것이 이야기의 전부가 아니며 이야기의 중심은 더욱 아니다. 퍼킨스가 설교했던 수년 동안 그의 펜은 쉴 새가 없었고, 그는 몇 가지 주요 성경 해석을 포함해 신학과 영성과 윤리에 걸쳐 거의 50개의 논문을 남겼다.

설교와 글 모두에서 퍼킨스의 특별한 강점은 조직적이며 학문적이고 탄탄하며 동시에 간결하다는 것이다. 지금까지 개신교 세계에서 그 누구도 퍼킨스만큼 명료하게 다양한 영역의 자료를 배출하지 못했다. 곧 그의 책은 프랑스어, 네덜란드어, 이탈리아어, 스페인어, 체코어, 독일어, 헝가리어, 라틴어와 웨일스어로 출판되었다.

지금까지 퍼킨스의 작품을 가장 잘 조사한 작가인 이안 브리워드(Ian Breward)는 퍼킨스의 국제적인 인기와 영향력에 대해 '매력적이고 실제적 경건함, 대중화의 능력, 신학적인 활동의 탁월하게 넓은 범위 때문'이라고 설명한다. '퍼킨스 책의 번역과 출판이 하나의 소규모 산업'이었다고 말하며 그 근거로 영국 밖 29명의 번역자와 28개의 출판사 이름을 나열한다.¹ 윌리엄 홀러(William Haller)는 퍼킨스 사후 그의 논쟁서, 논문, 설교를 모은 굵직한 세 권의 책을 출판 또는 재출판하기 위해 제자들이 모였다고 증언한다. 어떤 책도 후대 설교자들의 책장에 이보다 더 자주 꽂히지 않았고 다른 어떤 설교자의 이름도 이만큼 청교도 문헌에 회자하지 않았다.

반세기 후 홀러는 말하기를 '그 책들이 얼마나 두껍게 놓였는지 생각만 해도 기적이다'라고 말했다.² 17세기 청교도의 윤곽과 우선순위를 결정했던 이 책들은 네덜란드 신학자 푸치우스(Voetius)가 그의 논문 『실천적인 신학에 대해』(Concerning Practical Theology)에서 퍼킨스를 '실천적인 영국 사람의 호머, 즉 권위 있는 고전'이라 부르도록 했다.³

우리는 조지 스테픈슨(George Stephenson)을 철도의 아버지라고 말한다. 왜냐하면, 열차를 디자인하고 스탁톤(Stockton)과 달링톤(Darlington) 노선, 후에는 리버풀(Liverpool)과 멘체스터(Manchester) 노선을 설계하는 데 있어 비록 가장 기초적인 단계일지라도 근본적으로 모든 것을 잘 해냈기 때문이다. 덕분에 그가 확립해 놓은 지침을 따라 세계적인 증기 기관차의 발달이 진행될 수 있었다.

마찬가지로 우리는 윌리엄 퍼킨스를 청교도의 아버지라고 부름이 마땅하다. 그 후 200년 동안 주류 청교도의 본질을 확고히 하고 그 성격을 결정한 사람은 누구보다 그였기 때문이다. 역설적이지만 퍼킨스 자신은 스스로 청교도라는 꼬리표가 붙는 것을 싫어하고 거부했으며 과거 40년 동안 일반 그리스도인을 위해 글을 재출판한 40여 명의 청교도 작가 중 그의 이름은 거의 등장하지 않았다. 진리의 깃발(Banner of Truth) 출판사가

---

1   Intro. and ed., Ian Breward, *The Work of William Perkins* (Abingdon: Sutton Courtenay Press, 1969), xi, p. 130.
2   William Haller, *The Rise of Puritanism* (New York: Columbia University Press, 1938), p. 65; quoting Thomas Fuller, Abel Redevivus, 1651, p. 434.
3   Tr. and ed. J.W. Beardslee, *Reformed Dogmatics* (New York: Oxford University Press, 1966), pp. 274-5. Cf. 푸치우스는 이 책에서 많은 청교도 경건주의자들을 칭찬하고 있다.

1996년에 『예언의 기술』(*The Art of Prophesying*)을 재출판했으며 이안 브루워드(Ian Breward)가 학자들을 위해 퍼킨스의 책에서 일부를 발췌해서 출간한 것이 전부다(*The Work of William Perkins*, Sutton Courtenay Press, 1970). 이런 역설은 좀 더 당시 상황을 조금 더 살펴보면 이해가 간다. 그것은 퍼킨스 시대에 청교도라는 어휘는 혁명 정신과 분리주의자적인 목적을 암시하고 있었다. 청교도의 기본 주제에 대한 퍼킨스의 단순하고 기초적인 작업은 더 풍부하고 더 강력한 후대의 청교도 설명으로 대체되었기 때문이다.

그러나 핵심 사실은 이렇게 남아있다. 퍼킨스는 이후 수백 년 동안 그것을 특징지을만한 자질을 전해주며 결정적인 방식으로 청교도주의를 형성한 개척자였다.

퍼킨스 이전에 국교의 변화를 추구하던 칼빈주의 영국 국교회교도들은 그들의 목표와 우선순위에서 하나가 되지 못했다. 그들의 대중 스타일은 공격적인 열정으로 점철되었다. 어떤 사람은 로마 가톨릭식 예배에서 벗어나기 위해 『기도서』(*Prayer Book*) 개정판을 추구했고 기존의 예전적인 관례에 불응하는 것을 자랑스러워했다. 어떤 사람은 실행 가능한 교구 교회의 규율의 모범을 추구했고 장로교 비밀결사 운동(crypto-Presbyterian classism)에 자신을 내던졌다.

그러나 아직 많은 사람의 목적이 교육, 설교, 목양을 통한 진정한 거룩으로 영국의 회심과 같은 진정한 복음적인 개념에 초점을 두지 않았다.

그러나 리차드 그린햄(Richard Greenham), 리차드 로저스(Richard Rogers), 아더 힐더샘(Arthur Hildersam)과 존 다드(John Dod) 같은 교구 성직자와 함께 퍼킨스의 본보기와 영향력은 영국 국교회에서 전 영역에 걸친 영혼 구원 사역을 성취하기 위해 교회가 겪어야 하는 불편함을 감내하며 복음과 영적인 삶에 중점을 두는 운동이 주류 청교도가 되는 데 큰 영향을 미쳤다.

청교도주의는 성경적이고 경건적이고 교회적이고 개혁적이고 논쟁적이고 문화적인 관심을 가지고 다방면에서 퍼킨스와 함께 성장했다. 그리고 전에는 볼 수 없었던 영적인 비전의 완전성과 인내의 성숙도를 특징적으로 보여주기 시작했다.

1. 퍼킨스의 사역

그렇다면 이제 당신은 퍼킨스가 자신의 사역에 어떻게 접근했는지 궁금할 것이다. 그는 일상에서 모두를 감동하게 할 만큼 온화하고 온건하며 개인적인 거룩함을 가졌다. 그는 대학 강사로서 자기 역할에 충실했다.

그러나 성 앤드류의 더 넓은 사역과 더불어 그의 유명한 글쓰기가 그의 주요 관심사였음이 분명하다. 그는 원고의 제목 머리에 항상 이 메시지를 썼다고 한다.

> 당신은 말씀의 사역자다. 너의 사역에 집중하라.
> (Thou art a Minister of the Word. Mind thy business).

퍼킨스는 정말 그렇게 했다.

여기에 설교자로서 퍼킨스에 대한 벤자민 브룩(Benjamin Brook)의 설명이 있다. 이것은 비록 정치적으로 왕정주의자였지만, 신앙은 청교도였고, 자신이 태어나기 6년 전에 죽은 퍼킨스에게 매료된 토마스 풀러(Thomas Fuller)로 거슬러 올라간다. 풀러는 퍼킨스를 연구했고 그에 삶에 관한 책을 썼으며 사역에 있어서 그를 신실함의 본보기로 소개했다. 풀러의 연구를 바탕으로 브룩은 퍼킨스 설교의 강점을 다음과 같이 지적한다.

> 그의 청중은 대학생, 마을주민, 촌에서 온 사람들로 구성되었다. 그 지역이 품은 다양성은 그에게 특유의 사역적인 자질을 요구했다. 모든 담화에서 그의 스타일과 주제는 열정적인 학자와 평범한 사람 모두가 수용할만한 것이었다.

퍼킨스의 설교는 모두 율법(all law)이면서 동시에 모두 복음(all gospel)이었다. 그는 상극의 은사를 모두 탁월하게 갖춘 보기 드문 설교자의 표본이었다. 죄와 위험에 대해 죄인의 감각을 깨우고 그를 패망에서 구하는 보아너게(Boanerges)의 열정과 호통, 복음의 기름과 와인을 상한 심령에 붓는 바나바의 설득력과 위로를 갖추었다. 그는 율법의 공포를 청중의 양심에 직접 적용하곤 했다. 그래서 청자들은 그들의 죄의식을 견디지 못했다. 또한 퍼킨스는 심판(damn)이라는 단어를 매우 특별한 강조점을 가지고 사용하곤 해서 청중의 귀에 긴 여운을 남겼다.[4]

퍼킨스의 설교는 박식하고 계몽적이며 권위있고 분명했다. 풀러는 이렇게 선언했다.

한마디로 학자들에게 더 조예 있는 사람이 없고 마을주민에겐 더 간단한 설교가 없었다. 우리의 퍼킨스는 학문을 설교단으로 가져왔고 그들의 어려운 학교 용어에서 논쟁의 껍질을 벗겨냈다. 그래서 간소하고도 유익한 고기를 그의 사람들에게 가져다주었다.[5]

장엄하고 무게있으면서 해석적이고 복음적인 여기에 더하여 허물없고 실용적인 퍼킨스의 설교는 퍼킨스 시대의 케임브리지에서 많은 사람에게 유익을 준 만큼 그 후 이어지는 청교도 운동의 기준을 세웠다.

그러나 그의 사역은 이것이 전부가 아니었다. 그보다 연장자였던 동시대 인물인 케임브리지 밖의 드라이 드레이튼(Dry Drayton)의 리차드 그린햄(Richard Greenham)처럼 퍼킨스는 영적인 병리학에 있어 전문가로 알려졌다. 그는 여러 가지 이유로 영적으로 피폐하고 길을 잃은 채 두려움과 혼

---

[4] Benjamin Brook, *The Lives of the Puritans*, (1813, repr. Pittsburgh: Soli Deo Gloria, 1994), II. p. 130.

[5] Thomas Fuller, *The Holy State*, (1642), p. 89.

돈과 고통에 빠진 영혼을 상대로 눈에 띄는 상담 사역을 했다.

여기에 대해 1654년 사무엘 클락(Samuel Clark)은 그의 책에서 1548년의 퍼킨스 사역의 한 예를 소개한다. 단두대에 오른 젊은 흉악범이 공포에 질려 반죽음 상태에 있었다. 채플린으로 사형집행에 참석했던 퍼킨스는 말했다. 퍼킨스는 그에게 기운을 주려고 노력했다. 그가 여전히 번민하고 고뇌에 차 있는 것을 보고 말했다.

> 퍼킨스: 사람이란 무엇입니까?
> 무엇이 문제입니까?
> 죽음이 두려우십니까?
> 사형수: 아, 아닙니다(죄수는 머리를 흔들며 말했다). 지옥이 두렵습니다.
> 퍼킨스: 그렇다면 내려와 보십시오. 당신을 위한 하나님의 은혜를 보여드리겠습니다.

죄수가 내려오자 퍼킨스는 그의 손을 잡고 사다리 밑에서 무릎을 꿇게 했다. 하나님의 복된 사람이 죄를 고백하는 기도를 하자 죄수는 하염없이 눈물을 쏟았다. 퍼킨스는 죄수를 지옥문 같은 충분히 낮은 자리로 인도했다고 느끼자 두 번째 기도를 진행했다. 자비의 손을 뻗어 그에게 구세주 되시는 예수그리스도를 보여준 것이다. 그의 섬세한 기도는 내적인 위안이 주는 기쁨의 눈물을 흘리게 했다. [기도가 끝나자] 죄수는 기분 좋게 일어나 편안한 마음으로 사다리를 올라가 마치 스스로 전에는 두려워하던 지옥에서 구원받는 것을 본 사람같이, 그의 영혼을 받기 위해 하늘문이 열린듯, 자신의 죽음을 민첩하게 받아들였다.[6]

---

6 Samuel Clarke, *The Marrow of Ecclesiastical History*, (1654), pp. 416-17; quoted from Breward, op cit., 9-10, with modernised spelling.

퍼킨스가 이 같은 방식으로 사역한 것은 비단 범죄자 집단만이 아니었다. 16세기 후반에 많은 진지한 영혼이 고통받았고 자신의 상태와 하나님 앞에서 자신의 전망에 대해 절망적이었다. 이것은 종종 예정론과 지옥불에 대한 부적절하고 과도한 청교도 설교의 병든 열매로 해석된다. 청교도들이 이 두 가지 주제에 대해 모호하게 굴지 않았음은 분명하다.

그러나 모든 증거가 보여주는 것은, 그들이 목양적으로 책임감 있는 방법으로 그것을 제시했다. 사람들이 느꼈던 고충에 대한 더 적합한 설명은 다음 네 가지로 정리할 수 있다.

첫째, 엘리자베스 후기 시대에는 한편으로 로마 가톨릭 세계의 영국에 대한 장기적인 적대감에 대한 반응 때문에 또 다른 한편으로 정치 경제에 대한 엘리자베스 통치 시절 발생한 진취적이지만 사뭇 무정부적이고 재앙적인 개인주의의 부산물로써 미래에 대한 불확실성과 불안이 팽배했다. 이 불안한 분위기는 영국의 종교도 오염시켰다.

둘째, 현대 서양세계에서 인구의 4분의 1이 삶의 한 지점에서 우울증 치료가 필요하듯이 청교도 시대에도 노이로제와 같은 우울증적 성향이 널리 퍼졌다. 사실, 그 시대에 우울증을 가리켰던 '울적함'(melancholy)의 척도가 배운 사람들 사이에 요구되는 시대였기 때문에 자연스럽게 영적인 우울증의 문제도 만연해 있었다.

셋째, 그와 같이 교회 출석이 강제되던 시대에 퍼킨스와 같은 청교도들은 청중 중에 현실에 안주하는 사람들이 여전히 변하지 않고 지옥에 묶여 있을 가능성을 일깨우기 위해 마땅히 자기 의심과 자기 탐색에 대한 부담을 주었다. 그런 가르침은 당연히 그 의도대로 매우 충격적이고 불안을 유발하는 효과를 일으켰다.

넷째, 가장 중요한 요소로는 청교도 시대에 영국 전역에 있었던 성령의 강한 역사를 들 수 있다. 그 결과, 복음 설교와 죄에 대한 깨달음, 회개에 대한 요구, 신에게 버림받을 것에 대한 두려움의 영향이 매우 깊었다.

나는 영적인 관점에서 이런 요인 중 어느 것도 본질적으로 불건전한 것은 없다고 감히 단언한다. 이것보다 훨씬 더 불건전했으며 여전히 불건전한 것은 복음이 명시하는 영원의 문제에 관해 관심 두길 거부하고 설교자와 영원의 문제를 진정으로 고민하는 사람들을 조롱하는 사람들의 무관심이다. 죄의식에 괴로워하는 사람들 그리고 의학적으로 우울증 진단을 받은 사람들이 절망적이고 무력하게 느끼는 것은 놀랄 일이 아니다.

어찌 되었든 괴로운 많은 영혼이 일대일로 퍼킨스와 만났고 퍼킨스는 그들이 믿음과 희망과 자신감을 얻고 헌신 된 제자가 되도록 도왔다. 풀러는 이것을 '뛰어난 외과 의사인 그가 상한 영혼을 쪼개고 의심스러운 양심을 지적했다'라고 묘사한다.[7]

퍼킨스의 목회 상담은 설교 못지않게 하나님이 베푸시는 구원의 길에 대한 지혜와 상한 마음에 대한 평안이 넘치도록 흘렀고 그 결과 케임브리지에는 기쁨이 있었다.

퍼킨스가 평신도를 위해 그리스도인의 삶에 대한 원칙과 문제에 관해 쓴 많은 책은 이와 같은 사역의 일부분이었다. 그 책들은 작가의 명성과 직업적인 위상을 떨치기 위해서가 아니라 신앙 안에서 영국 사람을 세우기 위해 쓰였다.

퍼킨스의 사역이 시작되었을 때 영국 개신교에는 대중적으로 읽히는 경건 서적이 없었다. 영국 국교회 역사상 당시 소수였던 글 읽는 성직자들은 칼빈과 제네바에서 그의 계승자인 베자, 벌링거의 『열 개 단위 설교 묶음집』(Decades), 두 편의 영국 국교회 공식 설교를 읽음으로써 기독교에 대한 그들의 전반적인 이해를 확장할 수 있었다.

교회 회칙에 대한 질문이 생기면, 날카롭지만 건조하지 않은 카트라이트(Cartwright), 윗트기프트(Whitgift), 트래버스(Traverse)의 글을 참고할 수 있었다. 만일 로마 가톨릭을 반대하는 사상에 대해 더 알기 원한다면 주

---

[7] Thomas Fuller, *The Holy State*, p. 90.

얼(Jewel)의 『변증론』(*Apology*), 팍스(Fox)의 『행동과 기념비』(*Acts and Monuments*)를 보면 되었다.

그러나 글을 읽을 수 있는 일반 성도들이 스스로 믿음의 성장을 위해 읽을 수 있는 책은 없었다. 퍼킨스는 이 같은 틈을 메우기로 했다. 만일 당신이 퍼킨스를 J. C. 라일(Ryle), C. S. 루이스(Lewis), 존 스토트(John Stott)의 전신으로 생각한다면 틀리지 않는다. 퍼킨스는 최고의 정신과 재능을 가진, 평신도를 길러내기 위한 대중적인 문헌에 적합한 간결하고 힘 있는 문장을 만드는데 헌신했다.

사도신경, 주기도문, 십계명은 예전이나 지금이나 주류 기독교가 의지하고 있는 기독교 신앙의 핵심 내용이다. 더불어 『기도서 교리문답』(*Prayer Book Catechism*)과 셀 수 없이 많은 16, 17세기 교리문답들도 이 세 가지에 기초해 만들어졌다. 퍼킨스는 이 세 가지에 대한 주해를 집필했다. 『상징이나 사도신경에 대한 주해』(*An Exposition of the Symbol, or Creed of the Apostles*, 1595), 『주기도문 주해』(*An Exposition of the* Lord's Prayer, 1592), 『황금사슬: 또는 신학 서술』(*A Golden Chain: or, The Description of Theology*, 1590 라틴어, 1591 영어)의 19-29쪽에서 십계명을 조직적으로 설명한다. '신학은 영원히 복되게 사는 방법에 대한 학문(science)이다' 라는 격언을 시작으로 후자의 작품은 사람의 운명과 관련해 하나님의 모든 목적과 절차를 분석한다.

이 책은 잘 팔려서 30년 동안 9차 개정판까지 나왔다. 게다가 퍼킨스는 『여섯 가지 원리로 집약되는 기독교의 근본, 즉 평안함으로 주의 만찬을 받고 설교에서 유익을 얻고자 무지한 사람이 배워야 함』(*The Foundation of Christian Religion, Gathered into Six Principles: And it is to be Learned of Ignorant People, that they may be fit to hear Sermons with Profit, and to Receive the Lord's Supper with Comfort*, 1590)을 집필했다. 이것은 복음의 내용에 대한 교리문답이다.

무지한 사람들에 대한 언급으로 시작해 그런 사람들이 흔히 범하는 32가지 죄를 나열하고 가장 간결한 형태로 다음과 같은 내용을 보여준다.

① 삼위일체 하나님
② 인간의 죄와 방황
③ 그리스도의 구원 역사
④ '그리스도의 모든 공로를 이해하고 그 자신에게 적용하는' 오직 믿음을 통한 개인의 구원[8]
⑤ 성례와 기도의 지지와 함께 설교 말씀이라는 믿음의 수단
⑥ 경건한 사람들을 위한 천국과 비신자들을 위한 지옥에 대한 예견

이 책을 통해 퍼킨스는 마이클 그린(Michael Green)이나 니키 검밸(Nicky Gumbel) 같이 현대인의 영적인 조상이 되어 4세기가 지난 오늘날 우리에게 그리스도인의 기초에 대한 초창기 지식의 중요성을 알린다. 퍼킨스의 이런 책들은 영국 청교도의 훈련을 위한 첫 번째 귀중한 자원들이며 특히 교리문답은 퍼킨스 사후 반세기 동안 매우 광범위하게 사용되었다.[9]

그러나 이런 기본적인 책들의 집필은 청교도 신앙과 생활을 공식화하고 대중화했던 퍼킨스의 노력의 적은 부분일 뿐이다. 다음 시리즈 저서들을 생각해보라(제목들은 모두 거창하지만, 매우 얇은 책들이다). 이 책들에서 퍼킨스는 평신도 지도력에 관해 썼다.

> ① 『어떤 사람이 정죄의 상태에 있는지 아니면 은혜의 상태에 있는지, 만약 그가 전자의 자리에 있다면 먼저 어떻게 거기에서 나올 수 있는지, 만약 후자의 상태에 있다면 그것을 어떻게 분별하고 마지막까지 같은 상태에서 구원받을 수 있는지를 선언하는 논문』(*A Treatise Tending unto a Declaration whether a Man be in the Estate of Damnation, or in the Estate of Grace; and if he be in the first, how he may in time come out of it; if in the second, how he may discern it, and persevere in the same to the end*, 1588).

8　The Workes of that Famous and Worthy Minister of Christ in the Universitie of Cambridge Mr William Perkins, (1616), I. pp. 32-69.
9　Breward, p. 147.

퍼킨스 자신은 이 책에 대해 이렇게 평한다.[10]

'거장 틴데일(Tyndale)과 또 다른 거장 브레드포드의(윌리엄 틴데일은 성경 번역가, 존 브레드포드는 메리 시대의 순교자) 향긋한 책들의 여기저기서 모은 그리스도인의 신분에 관한 대화'라고 묘사했으며 이안 브루워드(Ian Breward)는 '무엇이 청교도의 경건에 대한 고전적인 관심거리가 되어야 할지 간결하게 요약했다'라고 평가했다. 즉 간단히 말해서 그것은 구원의 은혜, 믿음, 경건한 삶에 대한 것이다.

> ② 『지금까지 있었던 가장 큰 양심의 문제: 어떤 사람이 하나님의 자녀인지 아닌지 어떻게 알 수 있는가? 하나님의 말씀으로 해결됨』 (*A Case of Conscience, the Greatest that Ever Was: How a Man may Know whether he be a child of God, or no: Resolved by the Word of God*, 1592).

이것은 사도 요한과 교회 사이의 독특한 대화다. 이 대화에서 요한일서의 매 구절이 어떤 실수나 불확실성이나 구원의 확신에 대한 혼동에 대한 답으로 제시된다. 이런 문제들은 16세기 후반 영국 국교회 성도들 사이에도 널리 퍼져있었다.

> ③ 『아주 작은 겨자씨 하나: 구원을 가져오거나 가져올 수 있는 가장 적은 양의 은혜』 (*A Grain of Mustard Seed: Or, The Least Measure of Grace that is or can be Effectual to Salvation*, 1597).

회심(conversion)에 대해 퍼킨스는 성령이 죄인들을 그리스도와 연합하게 하면 단계적으로 그들 안에서 역사하는 삶의 과정이라 보았는데 실제 행위에서 믿음과 회개가 아직 나타나지 않았다 할지라도 완전한 개종을 향

---

[10] Breward, p. 355.

한 열망, 즉 그리스도 안에서 강인한 믿음과 전적인 회개에 대한 열망은 그 자체로 하나님이 그 사람을 이미 받으셨다는 신호라고 주장한다.

④ 『두 논문: 1. 회개의 성격과 실천에 관해서 2. 육과 영의 전투에 관해서』
(*Two Treatises: 1. Of the nature and practice of Repentance. 2. Of the combat of the flesh and spirit*, 1593).[11]

개혁주의자들처럼 청교도에게 회개는 믿음의 열매이자 그리스도인으로서 평생에 걸친 훈련이었다. 퍼킨스의 설명은 회개가 무엇을 수반할지에 대한 탐구적 분석이다. 책의 서문에서 퍼킨스는 선대 개신교도들에 대한 연대의식을 다음과 같이 분명히 했다.

> 지금까지 영어로 출판된 순교자 브레드포드(Bradford Martyr)와 아더 덴트(Arthur Dent)의 회개에 대한 두 설교는 많은 유익을 끼쳤다. 내 의도는 거기에 추가하거나 다른 교리를 가르치려는 것이 아니라 오직 그들의 가르침을 새롭게 하고 회복시키는 것이다.

이 논문에서 나타나듯, 이 시대의 주요 신학자들은 회개를 다룸에 있어서 차이가 있는데 이것 때문에 당신이 혼란스럽지 않기를 바란다. 어떤 사람들은 회개를 죄죽임과 은혜 살림이라는 두 영역을 포함한 믿음의 열매라고 주장한다. 어떤 사람들은 회개, 믿음, 새로운 복종을 구분함으로써 믿음을 그것의 한 부분으로 보는 데 반해(멜랑히톤을 참조) 다른 사람들은

---

[11] Workes, I.454; 퍼킨스 책의 본문을 인용할 때처럼 현대의 스펠링을 사용했다. 이 논문은 453쪽에서 474쪽까지다. 브레드포드의 설교는 다음에 있다. *Sermons and Treatises*, (Cambridge: Parker Society, 1848, repr. Edinburgh: Banner of Truth, 1988), pp. 20-81. 존 번연의 부인이 결혼 지참금으로 가져왔던 두 권의 책 중 하나인 『평범한 사람이 천국 가는 길』(*The Plain Man's Pathway to Heaven*, 1601)의 저자인 아더 덴트의 설교는 재출간되지 않았다.

그것을 중생과 함께 모두 하나로 여긴다(죄죽임-은혜 살림 분석을 제안했던 칼빈을 참조).

차이점은 교리의 내용에 있는 것이 아니라 그것을 다루는 논리적 방식에 있다. 회개는 두 가지 방법으로 다루어졌다. 일반적으로 죄인의 전면적 회심(conversion)을 위해서는 회개, 믿음, 새로운 복종이 포함되어야 하는데 그렇기 때문에 중생(regeneration)과도 혼동된다. 이것은 특별히 삶과 행동의 갱신을 위한 것이다. 그래서 이것은 믿음의 열매다. 이것이 이 논문에서 내가 따르는 유일한 의미다.

회개에 대한 이 논문은 십계명과 복음을 기반으로 한 자기 성찰의 정교한 계획을 포함하고 있으며 두 논문 모두 공로를 강조하는 인간 행동에 대한 트렌트 공의회의 가르침을 맹렬히 공격한다.

⑤ 『모든 상태와 시간에서 특별히 도움과 위로가 소용이 없을 때 사는 방법과 잘 사는 방법』(*How to Live, and that Well, in all Estates and Times, Specially, When Helps and Comforts fail*, 1601).

이것은 하박국 2:4에 대한 장문의 설교로 성경 말씀을 바탕으로 한 믿음이 어떻게 평안과 기쁨, 경건과 소망을 가져오는지 보여준다.

⑥ 『아픈 사람을 위한 연고: 죽음의 성격, 차이, 종류에 대한 논문: 또한, 잘 죽는 올바른 방식에 대한 논문. 이것은 또한, 1. 바다에 나가는 선원들 2. 전쟁터에 나가는 병사들 3. 아이를 출생하기 위해 진통하는 여인들에게 영적인 가르침을 줄 것임』(*A Salve for a Sick Man: or, a Treatise containing the Nature, Differences, and Kinds of Death: As also the Right Manner of Dying Well. And it may serve for Spiritual Instruction to 1. Mariners when they go to sea; 2. Soldiers when they go to battle; 3. Women when they travail with child*, 1595).

죽음에 대한 준비가 그리스도인의 삶의 의무이자 훈련이라는 것이 현대 그리스도인의 귀에는 이상하게 들릴지 모르지만, 개혁주의자와 청교도 초기 복음주의자들은 중세 사람들처럼 이 문제에 대해 분명했다. 퍼킨스는 이 문제를 단도직입적으로 복음의 바탕 위에서 솔직 담백하게 다루었다. 죽음은 인생의 분명한 사실이기에 이것은 지당한 일이다.

> ⑦ 『퍼킨스가 주일 설교에서 가르치고 전달한, 자신의 간략한 [원고들]에 의해 점검되고 1606년에 T. 피커링에 의해 공공의 선을 위해 출판된 양심의 문제에 대한 전체 논문』(*The Whole Treatise of the Cases of Conscience …Taught and Delivered by Mr W Perkins in his holyday Lectures [= Sunday sermons], examined by his own briefs [manuscripts], and published for the common good by T Pickering*, 1606).

이것은 퍼킨스 사후에 출판된 글로, 하나님의 백성을 향한 도덕적 지침을 위해 개신교 결의론(決疑論, Casuistry)을 철저히 다룬 개척자적인 시도였다. '성경에는 제시하고 가르칠만한, 인간의 양심이 찔림을 받고 고요해지며 안도 되는 분명하고 틀림없는 교리가 있다'[12]라는 주장을 시작으로 이 논문은 세 가지 묶음의 질문을 다룬다.

> **첫째**, 개인의 구원, 확신, 다양한 형태의 영적인 괴로움과 관련된 것들
> **둘째**, 하나님에 대한 지식과 예배에 관련된 것들
> **셋째**, 가정, 교회, 국가 속에서 크리스천 덕목의 실제와 관련된 것들
> (분별, 관용, 절제, 자유의지, 정의가 퍼킨스의 목록이다)

이런 일곱 가지 문서 모두 우리에게 퍼킨스의 사역에서 중심이 된 문제들을 말해준다. 영국 국교회의 전문 신학자로서 그는 명쾌한 분석과 쉬운

---

[12] Workes, III. 1f. (1613). 본 논문은 pp. 1-152를 구성한다.

설명을 통해 교회의 목회적인 자원의 필요를 채웠고 영국 사람들에게 강단에서, 저서로 회심의 요람에서 무덤까지 거룩에 대한 지침을 제공했다. 그가 제시한 지침은 개혁주의자에 의해 세워진 문자적이고 문맥적인 해석의 원칙에 따라 성경을 기반으로 했다.

그것은 40년 동안 제네바에서 칼빈의 계승자로 활약한 베자(Beza)와 회심한 이탈리아 토마스주의자 잔키우스(Zanchius), 그의 동료이자 하이델베르그에서 개혁신학을 가르쳤던 어사이너스(Ursinus)와 올리비아누스(Olevianus) 같은 2세대가 따랐던 아리스토텔레스 방식의 칼빈주의였다. 그것은 모든 영역에서 영생의 길을 찾고 따르는 문제에 맞출 만큼 실제적이었다. 그것은 하나님께 대한 순종과 불순종 모두의 원천으로, 지속해서 내면의 동기, 욕망, 고뇌, 은혜, 치욕에 초점을 맞춘다는 면에서 경험적이기도 했다.

퍼킨스는 그의 사역 내내 이미 앞서 언급한 종교적인 문제에 주된 관심을 두었다. 즉 개인 중생의 필요성, 확신의 평안과 기쁨에 관한 탐구, 죄를 드러내고 그 죄를 그리스도의 피로 덮기 위한, 다시 말해 믿음으로 그리스도를 적용하기 위한 자기 성찰의 의무와 훈련, 영과 육의 싸움에 대한 경험, 복종의 길을 가면서 겪는 실수와 회복의 현실, 의심, 좌절, 우울과 싸움, 죽을 때까지 되풀이되는 회개의 실천, 부정행위에 대한 양심적인 회피가 그것이다.

퍼킨스의 실제적 작품을 읽은 나라들, 특히 네덜란드와 독일에서 대륙적인 운동이 촉발되고 성장했다는 이유로 독일 작가 어거스트 랑(August Lang)은 퍼킨스를 '경건주의의 아버지'라고 불렀다.

소위 경건주의란 17, 18세기 개신교 교회와 유럽의 로마 가톨릭에서 생겨난 것이다. 그것은 원칙과 실제와 우선순위를 위해 위에서 언급한 태도와 열망으로 나타나는 개인적 헌신의 회복이었다.

우리는 여기서 훗날 경건주의를 표방했지만, 그것을 손상한 반지성주의, 반문화주의, 반국가교회적인 태도가 감정주의, 율법주의, 개인주의 경향과 함께 퍼킨스의 청교도 인문주의에서 일탈했고 확실히 그것과 모순된다는 것에 주의를 기울여야 한다. 우리는 '경건주의의 아버지'라는 이름을 퍼킨스를 위한 진정한 호칭으로 받아들여야 하며 그 문구를 영광스러운 이름으로 대우해야 한다. 결국, 경건주의의 어떤 정의에서든 첫 번째 주목할 만한 사항은 그것이 경건에 우선순위를 둔다는 것이다. 퍼킨스가 끈질기고 억세게 그렇게 했고, 따라서 나는 감히 우리 모두 그래야 한다고 말하고 싶다.

2. 영적인 진보를 위한 교훈

『작은 겨자씨 한 알』(A Grain of Mustard Seed)에서 퍼킨스는 성령을 통한 죄인의 회심을 시간에 걸쳐 전인격적으로 일어나는 통합적인 과정으로 묘사했다. 그는 이것이 시작된 유일하면서도 결정적인 증거는 앞으로 나아가는 것, 즉 본래의 죄성에서부터 초자연적인 거룩함으로 가는 개인적인 변화라고 주장했다.

책 뒷부분에서 그는 은혜 안에서 성장을 보장해주는 방법에 대한 자기 생각을 털어놓는다. 나는 이 충격적인 구절을 여기에 길게 인용할 것이다 (이것은 과연 서구 영성 문헌의 고전이다).

여기서 퍼킨스는 '은혜의 시작은 그것이 증가하지 않는다면 가짜다'라는 그의 주장을 설명하고 우리에게 그리스도인의 내적인 삶의 건강을 구성하는 것이 무엇인지 보여준다.

> 인간 본성의 사악함과 위선의 깊이는 쉽게 자신을 하나님을 닮은 가짜 위조품으로 둔갑시킬 수 있다. 그러므로 나는 이 마지막 결론에서 하나님의 은사가 식별될 수 있는 분명히 주목할 내용을 적는다. 한 알의 겨자씨는 커다란 나무로 자라 책임 있게 열매를 맺는다.

마음속의 은혜는 두 가지 측면에서 겨자씨 한 알과 같다.

첫째, 그것은 처음 보기에 작다.
둘째, 마음의 밭에 던져진 후 빠르게 자라 퍼진다. 따라서 만약 사람이 처음에 작은 소망이나 미미한 바람, 작은 순종을 하고 있다면 그는 이 은혜의 촉발제를 떠나게 해서는 안 된다. 성령의 이런 움직임은 말씀과 성례, 기도로 커져야 한다.

또한, 그들은 매일 묵상하기, 노력하기, 갈망하기, 구하기, 찾기, 두드리기(마 25:26; 딤후 1:6)를 통해 날마다 자극받아야 한다. 단지 한 주나 한 달만 지속하고 사라지는 마음의 움직임에 대해 신경 쓸 것 없다. 주님은 선지자 호세아를 통해 그것에 대해 말씀하셨다. "오 에브라임아 너의 의로움은 아침 이슬 같구나"(호 6:4).
은혜가 확인되고 행사되지 않으면 사실상 은혜가 아님을 고려할 때 나는 여기서 기도, 믿음, 회개와 같은 영적인 훈련을 통해 은혜의 시작인 겨자씨가 빨리 자라게 하는 규범을 덧붙이려고 한다.

① 어디서든, 홀로 있든 함께 있든, 낮이나 밤이나 무엇을 하든지 당신을 하나님의 존전에 두라. 이 말씀이 언제나 당신의 마음에 있게 하여 살아계신 하나님 앞에서 무엇을 하든 당신의 마음을 경외심과 두려움으로 세차게 때려 죄짓기를 두려워하게 하라. 이것은 주님이 아브라함에게 주신 말씀이다(창 17:1). 이것은 또한, 에녹이 살아낸 삶으로 그는 하나님과 동행했던 사람이라고 불린다.
② 매일매일을 당신의 마지막 날처럼 귀하게 여겨라. 그래서 당신이 죽어가고 있는 것처럼 살고 매일 선한 의무를 다하라. 이것이 그리스도인의 마땅한 경계심이다. 기억하라.
③ 당신 자신의 죄 목록을 만들어라. 특히 하나님을 가장 불명예스럽게 하고

당신 자신의 양심에 상처를 입힌 죄들에 대해, 특히 당신이 새롭게 회개해야 하는 특별한 경우가 있을 때, 그것을 당신 앞에 자주 놓아라. 그러면 당신의 마음은 이런 애절한 광경으로 더욱 겸손해질 것이다. 이것은 다윗이 그의 길을 반성하고 하나님의 율법으로 발을 돌려 어릴 적 죄를 자백할 때(시 119:59; 시 25편) 했던 것이다. 욥이 그의 천 가지 죄 중 하나도 하나님께 대답할 수 없었다고 말한 것과(욥 9:3) 같은 것이다.

④ 아침에 처음 눈을 뜰 때 하나님께 기도하고 마음으로 감사하라. 하나님이 영광을 받으실 것이고 그 때문에 당신의 마음은 하루종일 더 좋을 것이다. 우리는 이것을 경험으로 안다. 그릇은 처음에 담긴 내용물의 향을 오래 간직한다. 잠자리에 누울 때도 마찬가지다. 하나님께 대한 감사가 마지막이 되게 하라. 잠들 때 당신이 살아서 일어나게 될지 모르기 때문이다. 따라서 깨어날 때 당신 자신을 하나님의 손에 의탁하라.

⑤ 당신의 영적인 빈곤함을 보고 느끼기에 힘쓰라. 그것은 당신 안에서 은혜의 필요를 보는 것이다. 특히 불신, 교만, 자기애라는 내적인 부패와 같이 당신 자신에 대해 불만을 느끼도록 애쓰라. 이런 당신을 고치고 깨끗하게 하는 그리스도의 피 앞에 나아가라. 이런 훈련이 자리 잡게 하여 당신이 지구에서 가장 불쾌한 것을 요구받았을 때도 당신의 마음과 양심은 자신의 죄 때문에 큰 목소리로 대답할 수 있게 하고 또한, 세상에서 가장 좋은 것을 요구받았을 때도 당신의 마음과 양심은 크고 강한 울부짖음으로 '그리스도의 피 한 방울이 내 죄를 씻으소서'라고 대답하지 하라.

⑥ 당신이 그리스도의 지체며 하나님의 종임을 보여라. 그리스도인으로서 일반적인 소명뿐만 아니라 당신에게 놓인 특별한 소명에서도. 한 치한 판사가 그리스도인이 되는 것으로는 충분하지 않다. 그는 또한, 그리스도인 판사가 되어야 한다. 한 가정의 가장이 그리스도인이 되는 것으로 충분하지 않다. 그는 자기 가정에서 매일의 일상에서 그리스도인이 되어야 한다. 말씀을 듣고 성만찬을 하는 모든 사람이 좋은 그리스도인인 것은 아니다. 가정이나 개인적으로 일어나는 그의 대화가 적합하지 않다면 말이다. 그가 진짜 누구

인지 보여야 한다.

⑦ 매일의 행동에 대해 무엇이 죄고 무엇이 죄가 아닌지 알기 위해 성경을 찾아보라. 그런 다음 모든 일에서 죄를 짓지 않으려는 지속적이고 단호한 목적을 마음에 간직하라. 믿음과 죄에 대한 의도는 결코 함께 설 수 없기 때문이다.

⑧ 당신의 노력이 당신의 목적과 부합하게 하여 말씀을 따라 언제든지 양심에 거슬려서는 아무것도 하지 않게 하라. 모든 죄를 삼가고 그의 모든 계명에 순종하도록 단련하라. 그것은 그리스도인의 일반적인 소명과 관련되거나 당신의 특별한 소명과 관련된 것이다. 모세의 율법을 따라 전심으로 하나님을 의지했던 요시아가 그러했고 책망 없이 하나님의 율법을 따랐던 사가랴와 엘리자베스도 그러했다(왕상 23:25; 눅 1:6).

⑨ 언제라도 당신의 목적과 결심에 반해 크든 작든 죄에 압도되었다면 그 안에 눕지 말고 자신의 범죄를 자백하고 기도로 주님께 용서를 구해 당신의 양심이 진정으로 회복되게 하라. 같은 죄를 삼가려는 당신의 경계심이 향상될 때까지 진정성 있게 그리하라.

⑩ 인생의 올바르고 적합한 목적에 대해 자주 숙고하라. 그것은 이윤, 명예, 즐거움을 추구하는 것이 아니라 사람들을 섬김으로써 우리의 소명대로 하나님을 섬기는 것이다. 만약 사람을 사용하지 않는 것이 하나님을 기쁘시게 했다면 하나님은 사람의 사역 없이 사람을 보존하셨을 것이다. 그러나 하나님의 기쁨은 우리 몸의 보존과 영혼의 구원에 있어서 모든 사람을 각각 사용함으로 그의 일과 뜻을 성취하는 것이다. 사람은 노예가 아니라 주인에 대한 충성 된 섬김으로 주님을 섬겨야 한다. 사람은 자신과 가족에게 필요한 신용과 부, 세속적인 상품을 얻기 위해 충분한 생활비를 버는, 혼히 그릇된 목적을 추구함으로써 자신의 노동과 삶을 모독한다. 이렇게 해서 사람은 하나님이나 다른 사람이 아닌 자기 자신을 섬기기 때문에 하나님을 덜 섬기게 된다.

⑪ 부지런히 당신이 선택받았다는 것을 확실히 하라. 여러 증거를 모으라. 이

것을 위해 네 안에서, 네 위에서 때때로 하나님의 섭리, 사랑, 자비의 역사를 관찰하라. 그런 것이 많이 있을 때 진지하게 숙고하여 하나님의 은혜와 위로에 대한 확신을 얻으라. 이것은 다윗의 훈련이었다 (삼상 17:34, 36; 시 23).

⑫ 당신의 재산이 얼마든 그것이 당신을 위한 최고라고 생각하라. 무슨 일이 당신에게 닥치든, 질병이든, 다른 고통이나 죽음이든, 이것은 하나님의 선한 섭리다. 가난하든 부하든, 불명예 속에 있든 좋은 상태든, 병들었든 건강하든, 삶이든 죽음이든, 하나님의 섭리를 보고 인정하기에 힘써라.

⑬ 쉬지 말고 기도하라. 나는 장엄한 기도가 아니라 하나님과 당신만 아는 마음속 간구를 말한다. 그것은 아버지 하나님의 우편에 앉으신 그리스도께 반복적으로 마음을 드리는 것이다.

⑭ 삶이든 죽음이든 당신에게 들이닥칠지 모르는 최악의 일에 대해 그리스도의 이름을 위해 자주 생각하라. 그것을 감당할만하도록 스스로 준비시켜라. 그것들이 현실화되면 더 쉽게 감당할 수 있을 것이다.

⑮ 게으르고 헛되고 부정직하고 경건치 않은 생각들에 대해 양심을 가지라. 이런 것들은 언행으로 지을 죄들의 씨앗이요 시작이기 때문이다. 우리의 생각을 정돈하고 구성하는 데 있어 이처럼 주의가 결핍되면 무시무시한 유혹의 벌을 받게 된다. 이것은 신성모독의 유혹이다.

⑯ 마음에서 어떤 좋은 움직임이나 애정이 생기면 그것을 잃지 않기 위해 애쓰지 말고 독서와 묵상, 기도로 그것을 먹여라

⑰ 말이나 행동에 좋은 일이 시작되면 그것을 당신의 자만이나 마음의 교만을 위해 하지 말고 그 일을 하는 힘과 칭찬을 하나님께 돌리고 겸손으로 해라. 그렇지 않으면, 당신은 하나님이 당신의 최선의 일을 저주하실 것임을 경험으로 알게 될 것이다.

⑱ 예의 바른 솔직함을 경멸하지 말라. 좋은 양심과 좋은 태도는 함께 간다. 그러므로 일상의 언행에서 거짓이나 욕을 제거하라. 누구와도 말이나 행위로 다투지 말라. 착하든 나쁘든 누구에게나 공손하고 온화하라. 사람의 결핍, 약점, 조급함, 주제넘음, 자기애, 호기심을 마치 보지 않은 것처럼 지나

쳐라. 악을 악으로 갚지 말고 도리어 선으로 악을 갚아라. 고기와 음료, 의복을 그와 같은 방법으로 사용하고 그것들이 경건함을 발전시키고 당신 마음의 숨겨진 은혜를 표현하는 증표가 되었는지 평가하라. 그것이 선한 것들이 아닌 이상 다른 사람들보다 더 많이 가지려고 하지 말아라. 명예를 취하려고 하기보다 주려 하고 늘 양심적으로 말하며 약속은 반드시 지켜라. 마음에서 내적으로 갖는 것 이상으로 외적으로 주장하지 말고 협상하면서 누구도 억압하거나 사기 치지 말라. 모든 사람에게서 선을 행하거나 선을 취하라.

⑲ 어떤 창조물에 대해 과도한 애정으로 집착하지 말며 만물 위에 그리스도 안에서 당신의 마음을 고요하게 하고 쉬게 하라. 모든 위엄과 영예 위에, 모든 간계와 정책 위에 모든 영광과 영예 위에서, 모든 건강과 아름다움, 모든 기쁨과 즐거움, 모든 명성과 칭찬, 모든 즐거움과 위안 위에서 인간의 마음은 그리스도를 느낄 수 있다.

이런 훈련의 규칙과 함께 묵상의 규칙을 익혀라. 빅토 스트리겔리우스(Victor Strigelius)가 제안한 대로 나는 당신에게 여섯 가지를 제안한다.

첫째, 나는 어떤 피조물 때문에 하나님에 대한 신앙을 버려서는 안 된다.
둘째, 영원한 나라는 끝이 있는 짧은 이 세상의 경주와 비할 바가 아니다.
셋째, 우리는 잠시 축복을 잃어버릴지라도 은혜의 약속을 굳게 붙들어야 하며 그것들은 죽음에서도 남겨져야 한다.
넷째, 그리스도 안에 있는 하나님의 사랑과 그리스도를 향한 교회의 사랑이 당신 안에서 강해지게 하고 모든 다른 애정보다 우세하게 하라.
다섯째, 그리스도인에게는 보이지 않는 것을 믿는 것, 연기된 것들을 바라는 것, 하나님이 적처럼 느껴질 때도 하나님을 사랑하는 것, 그래서 끝까지 인내하는 것이 주된 기술이다.
여섯째, 하나님의 현존과 도움의 확신 속에서 스스로 잠잠하게 하고 그를 구

하고 평화나 구원을 기다리는 것이 슬픔에 대한 가장 효과적인 해결책이다.[13]

3. 신학자 퍼킨스

교육학자, 대중화하는 사람, 틈을 메우는 사람, 빠른 속독가, 계몽 작가, 얕음이 없는 간결성의 대가, 유럽 기풍의 경건주의와 영국 이데올로기로써 청교도주의의 아버지인 퍼킨스는 내가 아직 언급하지 않은 많은 주제에 대한 빛나는 교훈적인 가르침을 생산했다.

그것 중에 그리스도인의 부르심, 그리스도인 가정의 삶, '평등의 미덕이나 마음의 절제,'[14] 전문사역의 역할, 설교학의 원칙, 양심의 기능, 예배, 말의 절제, 로마 가톨릭의 오류, 예정론이 있다.

그러나 분명히 종교의 실제, 즉 회심, 확신, 헌신, 성경적인 행동들은 언제나 그의 주된 관심사였다.

켄달(Kendall)은 이렇게 평가했다.

> 퍼킨스는 주로 사람들이 그들의 소명과 선택받음을 자신들에게 분명히 해야 하고 그것을 어떻게 분명하게 할지 보여주는 데 헌신했다.

이 견해는 너무 편협하다.[15] 퍼킨스의 첫 번째 관심사는 그리스도인이 되

---

[13] Breward, pp. 405-10; Works, I. pp. 642-44. 빅토 스트리겔리우스는 하이델베르크 대학에서 가르쳤던 루터파 신학자였다. 퍼킨스는 스트리겔리우스로부터 묵상의 여섯 가지 규칙(경건의 묵상을 위한 가이드 라인)을 말한 다음에 일곱 번째 것을 더한다. '하나님의 모든 역사는 반대의 수단으로 행해진다.' 이것은 마치 언뜻 보기에 패배한 것처럼 보이는 그리스도의 십자가가 사탄에 대한 승리였던 것처럼, 하나님이 그의 목적을 이루실 때 우리가 기대하는 것과 다른 방식으로 그것을 이루신다는 의미다.

[14] Breward, p. 481. 본 논문의 제목은 *Epieikeia*이다. 이것은 빌 4:5에 근거하고 있다.

[15] R.T. Kendall, *Calvin and English Calvinism to 1649* (Oxford: Oxford University Press, 1979), 54.

어야 한다는 것이었고 그들이 그리스도인임을 알도록 돕는 목표는 그다음이었다.

앞서 인용된 문단은 그리스도인의 현실의 시금석인 신자의 내적인 삶에 대한 그의 요점을 모은 것이다. 이 성장하는 그리스도인에 대한 윤곽은 각 부분이 어떻게 저자가 말하고자 하는 핵심과 관련이 있는지 물으면서 우리에게 퍼킨스의 신학을 전체적으로 검토하기에 좋은 시점을 제공해 준다.

교훈적인 경건 서적은 언제나 다음의 세 가지 내용을 동반한다.

① 예수님과 연합, 제자도에 대해 성경이 가르치는 것이 무엇인지에 대한 작가의 이해
② 그들의 미래 독자의 영적인 필요에 대한 관점
③ 하나님과의 동행에 대한 자신의 경험

어른으로서 회심을 경험한 작가는 아마 하나님과 함께하는 삶과 함께하지 않는 삶에 대한 대조를 강조할 가능성이 높다. 바울, 어거스틴, 번연, G.K. 체스테론(Chesteron), C. S. 루이스가 실증하는 것처럼 말이다.

퍼킨스도 위의 발췌에서 보여주듯이 여기에 속한다. 퍼킨스가 생각하기에 진정한 그리스도인의 삶은 야심차며(aspirational) 혁신적(transaformational)이다. 한 번 십자가에 못 박히시고 지금은 다시 사신 구주 예수 그리스도에 대한 믿음을 실천하려는 진심 어린 노력이 중심을 이루기 때문에, 또한 과거와 현재의 죄악 된 행동과 마음의 죄악 된 습관을 스스로 찾으려는 자아 성찰, 즉 회개를 실천하기 때문에 야심차다. 그것은 하나님의 도움을 기반으로 거룩함의 터전을 마련하는 것이다.

아버지와 아들에 대한 믿음의 호소에 근거하고, 믿음의 소망과 확신이 직접적으로 기초하는 정보는 그리스도의 십자가를 통한 칭의와 하나님의 가족으로의 입양에 관한 것이다. 또한 기독교인의 삶은 혁신적이라 열망하고 기도했던 변화가 현저하게 일어나기 시작한다.

따라서 기도하고 안에서 바깥으로 삶을 재구성하기를 구하는 사람들은 그들이 전과 달라졌음을 더욱 인식하면서 자신의 정체성과 자족과 평안을 발견한다. 그들이 그리스도 안에 거하게 되었기 때문에 성령이 그들 안에 내주하시고 아버지 하나님이 그들을 사랑하며 또 영원히 사랑할 것임을 확신할 수 있다. 후대의 청교도들은 이런 의미의 새로운 현실을 중생의 교리 아래 체계화했다.

그러나 야심차며 혁신적인 삶은 퍼킨스가 사용했던 전문용어 중 하나가 아니다. 웨스트민스터 신앙고백과 소요리문답, 성경번역가 윌리엄 틴데일의 글, 개혁 순교자 존 브래드포드에 의해 이 야심차고 혁신적인 삶은 처음 상세히 설명되었다. 영국의 영적인 필요를 설명하면서 퍼킨스는 여러 가지 형태의 부도덕과 무신앙을 언급한다.

그러나 확실히 그를 가장 괴롭혔던 것은 이전 시대의 로마 가톨릭을 대체한 퍼킨스 시대의 개신교 형식주의와 영적인 안일주의였다. 따라서 그의 사역 과제는 정확성과 함께 편안한 자들을 괴롭게 하고 괴로운 자들을 안위하는 것이 핵심이었다.

퍼킨스 사역의 기초는 국내나 국외에서나 개혁주의 유산의 연속성을 유지하고 그 안에서 사람들을 제자 삼는 것이었다.

켄달은 이렇게 말했다.

> 퍼킨스는 자신을 영국 국교회의 주류로 보았고, 그래서 그것을 자주 옹호했다.[16]

퍼킨스는 교회 질서에 대한 문제에 있어 분리주의자들과 공감하지 않았다. 교회가 종교개혁 정통주의에 충실한 한, 그 자신이 그 정통주의를 자

---

[16] R.T. Kendall, *Calvin and English Calvinism to 1649* (Oxford: Oxford University Press, 1979), 54.

유롭게 가르치고, 설교하고, 적용할 수 있는 한, 영국 국교회에 대한 그의 충성심은 의심의 여지가 없었다. 심지어 그 체계 안에서 그가 핍박을 참아야 했을 때조차도 그러했다(한 예로 그는 1587년 설교에서 성찬식 때 무릎을 꿇는 공동기도서의 요구와 미사 집전 신부가 그 자신에게 성례를 집전하게 하는 것은 가장 좋은 선택은 아니라고 말한 것에 대해 대학교 부총장에게 대답해야만 했다). 제도권에 대한 충성심은 그가 가르친 기독교에 필수적이었다.

스스로 칼빈주의와 동일시했던 퍼킨스가 칼빈뿐만 아니라 더 넓은 개신교 유산을 남긴 다른 개혁주의 작가들, 즉 부처(Bucer), 벌링거(Bullinger), 무스쿨루스(Musculus), 순교자 피터(Peter), 특히 제네바의 베자(Beza)와 하이델베르그의 잔키우스(Zanchius)의 가르침을 흡수했다는 것을 알아야 한다.

베자의 긴 부록(appendix)은 『황금사슬』(*A Golden Chain*)을 [이것의 기초 자료는 처음에 베자에서 빌린 것이다] 마무리 짓게 해주었다. 확신에 대한 잔키우스의 사상을 소화하며 『양심의 문제』(*A Case of Conscience*)의 반 이상을 완성한다. 믿음과 확신에 대한 퍼킨스 자신의 설명은 분명히 이 두 거장의 영향을 반영하고 있다. 일반적으로 개혁주의신학은 믿음을 그리스도에 대한 신자들의 전적인 의존으로 인식한다. 칼빈은 믿음을 그리스도를 위한 하나님의 호의에 대한 성령의 설득으로 정의한다. 다른 말로, 마음과 정신의 보장된 확신으로 믿음을 정의한다.

칼빈은 베드로후서 1:10에 나오는 '너 자신의 부르심과 소명을 확실하게 하라'라는 베드로의 권면을 그리스도인으로 하여금 삶의 행위를 자신의 신앙고백과 일치하게 하라는 간청으로 이해한다.[17]

그러나 퍼킨스는 믿음의 정의를 적극적 신뢰에 앞선 믿으려는 의지

---

[17] '만약 우리가 믿음을 공짜로 주어진 그리스도에 대한 약속의 진리에 근거하고 성령을 통해 우리의 마음 가운데 인쳐지고 우리의 정신에 계시된, 우리를 향한 하나님의 호의에 대한 확고하고 분명한 지식으로 부른다면 우리는 믿음에 대한 정의를 가질 수 있다.' *Inst*. III. ii. 7.

(즉 바람과 갈망)와 그리스도의 약속을 자신의 괴로운 마음과 죄책감에 적용하려는 영혼의 활동을 모두 포함하는 것으로 확장 시켰다. 그는 베드로후서 1:10에 대하여 베자와 잔키우스를 따라 은혜가 어떻게 이미 그들을 변화시켰는지 주목함으로써 그리스도인에게 '삶 속에서' 자신의 위치를 스스로 확고하게 하길 당부하는 것으로 이해한다.

퍼킨스는 이런 관점을(그가 분명하게 초점을 맞춘. 반감과 비난 또는 승인과 위로를 위해) '실천적인 삼단논법'(practical syllogism)이라는 방법을 통해 토마스주의적인 양심에 대한 개념과 연결한다. 실천적인 삼단논법에서 대전제(the major premise)는 도덕적이거나 영적인 규칙, 이상적으로는 성경적인 선언이다. 소전제(the minor premise)는 실제적인 준수이며 결론(the conclusion)은 도덕적인 판단이다. 퍼킨스가 실제로 사용하고 우리 중 많은 사람도 오늘날 사용하는 간단한 예는 이것이다.

    믿는 모든 자는 하나님의 자녀다.
    나는 믿는다.
    그러므로 나는 하나님의 자녀다.

켄달은 믿음에 대한 퍼킨스의 견해가 혼란스러우며, 확신을 향한 그의 길 또한 환상에 불과하다고 보았다. 그러나 켄달의 비판은 퍼킨스가 전혀 하지 않은 방식으로 정신과 의지를 분리했고 성경적인 자아 성찰을 내향성과 동일시했으며, 진정한 은혜는 자라서 그것의 현실성을 증명한다는 퍼킨스의 격언을 잊어버린 것에 지나지 않는다. 내 생각에 퍼킨스는 다음의 부분들에서 옳았다.

첫째, 양심이 압축된 방식에서 실천적인 삼단논법에 의해 작동하는 것으로 분석했다.

둘째, 성경적 자아 성찰이 중생과 하나님과 함께 서는데 필요한 자신감을 갖게 하기 위해 크리스천의 단단한 기반을 생성함을 확증했다.

퍼킨스의 모든 저서는 기본적으로 성경을 하나님의 가르침과 증언으로 받아들여야 한다는 것과 해석은 성경적인 원리를 해석자 자신의 시대와 필요에 적용하는 형태로 취해야 한다고 주장한다.

브루워드(Breward)는 퍼킨스 해석학의 그리스도 중심적인 초점을 강조하면서 이것을 잘 서술했다. 그는 퍼킨스의 논쟁을 인용했다.

> 성경은 대체로 정확하게 그 자신과 일치하고 일치하지 않은 것처럼 보이는 부분들은 쉽게 해결될 수 있다. 왜냐하면, 성경 전체의 범위(scope)는 그리스도와 그가 주는 유익이라는 단순한 이유 때문이다.
>
> 성경의 의미에 대한 다양한 의견이 존재한다면 이 같은 다양한 의견들 속에서 우리는 여전히 성경 안에서 그리스도만 의지해야 한다. 왜냐하면, 한 구절에 대한 천 가지 다른 설명이 있다 하더라도 그것을 성경의 다른 비슷한 장소와 비교하면서 진리를 발견할 수 있어야 한다. 바로 성경 안에서 그리스도는 자신을 자세히 설명하기 때문이다.

『황금사슬』에서 출발하고 『예정론에 관해』(De Praedestinatione, 1598)에서 라틴어로 변호되고 『하나님의 자유로운 은혜와 인간의 자유로운 의지』(God's Free Grace and Man's Free-will, 1602)에서 영어로 변호 되는 퍼킨스가 베자와 잔키우스에게 배운 칼빈주의 타락 전 선택설이 여기서 언급될 필요는 거의 없다.

타락 전 선택설은 선택한 사람과 타락한 사람을 미리 정해 놓는 창세 전 인류에 관한 결정에서 하나님이 인간을 아직 창조되지 않은 존재로 보시는 견해다. 이것은 하나님이 그의 이중예정을 작정하실 때 인간을 동시에 창조되고 타락한 존재로 보시는 타락 후 선택설과 다른 것이다.

퍼킨스는 루터주의자들, 벨라민과 같은 반펠라기우스 로마 가톨릭주의자들, 영국의 반예정론자인 피터 바로(Peter Baro), 사무엘 하스넷(Samuel Harsnet), 윌리엄 버렛(William Barrett)과 같은 사람들에 반대해 우리의 구원에 있어 하나님의 절대주권을 지키고자 하는 바람에서 타락 전 선택설을 받아들였다.

그러나 이것을 받아들임으로써 퍼킨스는 잃어버린 죄인들에 대한 하나님의 구속사적인 사랑에 대한 좋은 소식을 어떤 무서운 이성주의적인 구도로 둘러 싸버렸다. 그것은 다른 타락 전 선택설의 공식적인 모든 버전과 같이 하나님은 사람들을 한 사람은 공의롭게 구원받고 다른 한 사람은 공의롭게 심판받는 두 종류의 사람으로 나누는데 추상적인 관심을 가지고 있는 자의적인 결정자인 것처럼 보이게 하였고 에덴에서 인간의 타락을 그 목적을 위한 수단으로 의지하셨음을 암시하였다.[18]

대부분 17세기 청교도는 대부분 개혁주의 신학자처럼 타락 후 선택설을 믿었다. 나는 엘리자베스 시대의 청교도 개척자인 퍼킨스가 다른 노선을 택했다는 것을 매우 아쉽게 생각한다. 구원에 있어서 하나님의 주권은 마땅히 지켜져야 하지만, 교의학적인 타락 전 선택설은 교의학적으로 가장 좋은 것도 아니고 가장 성경적인 방법도 아니다.

그러나 퍼킨스가 생각하는 타락 전 선택설은 어떤 방식으로든 그의 복음적이고 목양적인 마음의 표현을 막지 못했는데 마지막에 이 부분에 대해 다시 언급하겠다.

'스토브리지(Stourbridge) 축제에서 설교했고 분명히 1593년에 아마 속기로 기록된,'[19] 1605년에 사후 출판된 스바냐 2:1-2에 대한 주해에서 나는 두 가지를 발췌했는데 모두 청교도적인 특징을 가졌다(이후 200년 동안 어떤

---

[18] 이런 문제점에 대한 가장 날카로운 진술은 다음에서 나타난다. B.B. Warfield, *The Plan of Salvation*, (revised ed., Grand Rapids: Eerdmans, 1966), p. 88: ' 그들(타락 전 선택설 주의자들)은 하나님이 차별을 두었다고 생각하는 피조물들이 있다고 가정하고, 피조물에 관해 하나님이 작정하신 모든 것은 하나님이 피조물 중에 차별하시는 작정만 가지고 있다고 가정한다.'

[19] Breward, p. 279.

청교도 설교자든지 같은 설교를 했을 수 있다는 의미고, 실제로 많은 사람이 그렇게 했음을 안다).

첫 번째 발췌문은 퍼킨스가 누구든지 복음으로 초청하는 전도자였음을 보여준다. 다음은 복음의 약속을 '귀한 보물'이라고 말한 퍼킨스의 말이다.

> 보물은 당신에게 너무 귀하고 값비싸서 당신 역량 밖의 것이라고 단언하지 말라. 왜냐하면, 나는 이것을 당신과 모든 사람에게 값없이 준다. 나는 선언한다. 여기 이 복된 교리는 그의 이름으로 값없이 당신에게 주어지고 당신은 돈없이 이것을 살 수 있다(사 55:1). 지금까지 당신은 당신의 몸을 위해서는 값을 치르고 물건을 샀지만, 당신의 영혼을 구원할 귀한 보물을 만나고 값없이 갖게 된 이 날은 복되다.

두 번째 발췌문은 목양적이고 선지자적이며 가장 좋은 표현으로 애국적이다. 이것은 영국과 영국 국교회에 대한 국가적인 심판에 대한 것이다.

> 영국의 보편적인 죄는…
> 첫째, 하나님의 뜻과 예배에 대한 무시며…
> 둘째, 기독교에 대한 경멸이다…
> 우리의 교회는 의심의 여지 없이 하나님의 옥수수밭이며 우리는 하나님의 옥수수 무더기다.
> 분리를 원했던 브라운주의자들(로버트 브라운, Robert Browne을 따르는 사람들)은 소경이 되어 마음이 우둔해져서 영국의 교회가 하나님의 질 좋은 옥수수 더미임을 보지 못한다.
> 우리는 우리 중에 가라지가 많음을 인정해야 한다. 하나님은 우리를 까부려서 옥수수를 찾으실 것이다. 하나님의 심판을 피할 방법은 스스로를 심판하는 것이다. 하나님의 무서운 부채질을 피하는 방법은 하나님의 법으로 자신의 마음

을 부채질 하는 것이다.

하루 한번 당신의 양심에서 재판을 열라. 당신의 생각과 말과 행동을 재판에 부르라. 십계명을 그 위에 놓고 당신을 가라지가 되게 한 죄와 부패를 회개로 불어버려라. 우리의 오랜 평화와 풍요, 편리함은 큰 죄를 낳게 한다. 새롭게 회개함으로써 교회와 나라를 위한 진정한 기도로 주님을 마주하자. 주님이 긍휼히 여겨주실 것이며, 계속해서 평안과 복음을 주실 것이다.

이 논문의 원제에서 나는 윌리엄 퍼킨스를 신학자, 설교자, 수 세기 전의 목사이자 기억해야 할 영국 국교회 교도로 평가했다. 이제 당신도 이러한 평가에 동의할 것이다. 당신에게 묻는다.

방금 인용된 영국과 영국 국교회에 대한 퍼킨스의 견해는 우리와도 관련이 있다고 생각하지 않는가?

나는 여기에 스코틀랜드와 아일랜드, 웨일스의 교회들도 포함하고 싶다. 우리 모두가 숙고해 볼 만한 문제다.

제2장

리처드 백스터(1615-1691): 모든 사역을 위한 사역자

―― Puritan Portraits ――

　리처드 백스터가 살았던 시대는 놀라울 정도로 비극적이고 영웅적이며 무기력했다. 그것은 교회와 국가 모두에 있어서 혁명과 반혁명의 시간이었다. 잔인한 종교 박해, 출판물을 통해 일어나는 거의 모든 것에 대한 맹렬한 논쟁, 그 당시 누구도 이해하지 못했던 파괴적인 사회 경제적인 변화, 널리 퍼진 나쁜 건강상태, 위생에 무지한 마을들의 증가, 악몽같이 원시적인 약들의 시대였다.

　한마디로 말해 거의 모든 사람에게 고난의 시기였다. 이 시대를 비극과 영웅주의와 불행으로 이끌었던 요소들의 목록에 기독교에 대한 서로 다른 경쟁적 이해가 머리 부분을 차지한다. 이것은 인정하기 슬프지만 사실이다.

　당신이 그리스도인으로서 일관된 원칙을 가지고 76년을 살았다면 당신 또한 애를 많이 먹었을 것이다. 만약 로마 가톨릭이었다면 항상 정치적인 전복을 노리는 사람으로 의심받으면서 공동체에서 싫어하는 혐오의 대상이 되었을 것이다.

　만약 공동기도서, 주교들의 사역, 교회와 국가에서 왕권 우월설을 고집하는 고교회 영국 국교회주의자였다면 1640년대에 당신 편이 내전에서 패배하는 것을 지켜보았을 것이고 그의 백성들을 대항한 반역죄로 왕을 처형하는 배반 행위로 인해 울었을 것이며, 공동기도서와 주교 제도가 의

회에 의해서 단번에 불법화되는 것을 보았을 것이다.

만약 성직자였다면 왕정복고(1660) 이전에 20여 년 동안 직장을 잃었을 것이다. 만약 백스터처럼 존 칼빈의 신학을 근거로 아우구스티누스의 신앙을 실천하고 전파하는 청교도였다면 내전 이전의 20년 동안 영국 국교회 지도력의 아르미니우스주의화와 왕정복고 때 영국 교구에서 거의 2천여 명의 청교도 성직자들이 쫓겨난 것, 결과적으로 영국 국교회가 복음에서 미끄러져 간 것, 1689년에 허락된 관용 이전에 25년 동안 하나님을 예배할 때 공동기도서를 사용하지 않는다는 이유로 수만의 개신교 비국교도들을 감옥에 가두는 거대한 박해를 감내해야 했을 것이다. 당신의 원칙이 무엇이든 간에 당신은 그 시기 동안 큰 불행을 경험했을 것이다.

잠시 전에 나는 리처드 백스터를 청교도라고 불렀다. 여전히 그 단어에는 백스터 당시에 그랬던 것처럼 많은 사람이 편견을 가진 함축적인 뜻이 있으므로 내가 그 단어를 사용하는 것은 백스터가 스스로 청교도라고 보았다는 단순한 이유 때문임을 밝힌다.

1680년, 그의 대적 중 두 사람이 한 출판물에서 그에 대해 라틴어로 '골수 청교도'라느니 '모든 숨구멍에서 청교도주의를 내뿜는 사람'이라며 못마땅하게 불렀을 때 그는 '아하, 나는 그렇게 선하지도 행복하지도 못하구나'라고 대응했다.

비록 그가 모든 주요 기독교 전통에 공감하며 주의를 기울였고 그들 모두에게서 배우기를 기뻐했던 에큐메니컬한 인물이었다. 그래도 그는 항상 청교도 이상을 기독교, 즉 그의 용어를 사용하자면 '순전한 기독교'(C. S. 루이스가 그에게서 빌린 용어다)와 동일시했다. 그의 모든 저작은 그가 되고자 갈망했던 고전적인 청교도의 모습을 보여준다.

그렇다면 무엇이 청교도주의인가?

백스터의 삶과 시대에 대한 백스터 사후 내러티브(1696년에 800쪽 2절판 책으로 『백스터의 발자취』[Reliquiae Baxterianae]라는 이름으로 출간되었다)의 그렇게 유능하진 않았던 편집장 매튜 실베스터(Matthew Sylvester)는 그의 책

서문에서 다음과 같이 증거한다.

> 다른 모든 것에서처럼 역사의 문제에 대해서도 백스터는 "현세대와 후세대를 위해 무엇이 진실되고 참된 지 아는 독수리의 눈, 정직한 가슴, 사려 깊은 영혼, 염려하는 마음을 가졌다."[1]

그렇다면 백스터는 청교도주의에 대한 어떤 묘사를 공정하고 참되다고 인정했겠는가?

이 문제는 대답하기 어렵지 않다. 백스터가 이해했던 현대 학계가 수 세기 동안의 풍자를 교정하며 묘사하는 청교도주의는 성경 중심, 교회 중심, 하나님을 경외하는, 학식 있는, 정통주의의, 목회적인 종교개혁적인 기독교다.

또한, 개인적, 가정적, 전문적, 정치적, 교회적, 경제적 존재를 전체의 한 부분으로 보며, 하나님의 말씀에 따라 삶의 모든 부분과 관계에 질서를 요구함으로써 모든 사람들이 성화되고 '주님께 거룩하게 되는' 기독교에 대한 전체적 견해다.

청교도주의의 우선적인 사역은 설교, 소요리문답교육(청교도들은 결의론이라고 불렀던) 상담을 통한 목회적인 전도와 양육이었고, 청교도 가르침은 자기 인식, 자기 낮춤, 회개, 구세주 예수 그리스도에 대한 믿음과 사랑, 중생의 필요성, 중생의 증거인 성화(하나님의 능력에 의한 거룩한 삶)의 필요성, 하나님의 모든 법에 대한 양심적인 순응의 필요성, 모든 신실한 신자들이 일상적인 상황 속에서 가진 성령의 확신과 기쁨의 축복을 항상 다뤘다.

청교도들은 스스로에 대하여 본향으로 여행하는 하나님의 순례자, 세상과 육체와 마귀를 대항해 싸우는 하나님의 전사, 그리스도를 나눌 의무가

---

[1]   Preface to *Reliquiae Baxterianae* (RB), 1696, sec. 2, p. 2.

있는 하나님의 종으로 여겼고 경건을 전했으며 그들이 할 수 있는 모든 선을 종합적으로 행했다. 이것이 백스터가 동일시했고 자신의 긴 생애의 우여곡절을 통해 스스로 빛나는 실례가 된 기독교다.

1. 백스터의 생애와 사역

백스터에 대해 조금 더 알아보자. 명사 인명록(Who's Who) 형태로 요약된 그의 개인적인 사실에 대한 핵심 내용이 여기에 있다. 그것은 다음과 같다.

> [왜냐하면, 그의 아버지가 작은 부동산을 소유했기에] 신사 리처드 백스터는 1615년 11월 12일, 살롭(Salop) 로우톤(Rowton)에서 태어났다. 브록스터(Wroxeter)에 있는 도닝통 자유학교(Donnington Free School)에서 개인적으로(백스터는 대학에 들어가지 않았다) 교육을 받았다.

1638년, 보르케스터(Worcester)의 주교에 의해 부제가 되었고 1639-40년까지 브리그노스(Bridgnorth)에서 부목사로 지냈다. 키드민스터(Kidderminster)에서 1641-42년까지 강사―즉 급여를 받는 설교자―였고 1642-47년까지 의회 군대와 함께 했으며 1647년부터 1661년까지 키드민스터의 교구목사―이 사역 기간 그는 전 도시를 회심하게 했다―였고 1661년에 사보이 회의(Savoy Conference)에 있었다―이것은 회복된 영국 국교회를 위해 공동기도서의 향상을 위한 청교도와 영국 국교회 지도자들 사이의 수포로 돌아간 회담이었다.

1662년 마가렛 찰톤(Margaret Charlton, 1636-1681)과 결혼하여 1691년까지 런던과 그 근교에서 은밀히 살았다. 1669년 일주일 동안 클러켄웰(Clerkenwell) 감옥에 투옥된 적이 있으며 1685년부터 1686년까지 사우스와크(Southwark) 감옥에 21개월 동안 투옥되었다. 1691년 12월 8일 사망했다.

백스터는 『성도의 영원한 안식』(The Saints' Everlasting Rest, 1650)의 저자다. 이 책은 하나님과 천국에 대한 사상들이 어떻게 섬김의 마음을 새롭게 할 수 있는가에 대한 경건의 역대급 고전이다. 800쪽에 달하는 이 책은 일 년 만에 첫판이 다 팔렸다. 백스터는 또한 목회자를 권면하고 동기부여하고 지도하는 또 다른 역대급 고전인 『참된 목자』(The Reformed Pastor, 1656)의 저자다.

백스터의 『회개치 않는 자를 향한 부르심』(A Call to the Unconverted, 1658)은 영어로 된 최초의 포켓 사이즈 전도서로 출판된 해에 2만 부가 팔렸고 백스터의 생전에 끝없이 인도해 준 책이다. 그의 또 다른 작품인 『기독교 생활지침』(A Christian Directory, 1673)은 기독교인의 삶과 행동에 대한 청교도적 가르침을 100만 단어 이상으로 요약한 개요서다.

이외에도 백스터는 의학, 과학, 역사와 같은 특별한 관심사들, 목회적인 돌봄, 그리스도인의 연합 등의 주제를 다루는 130권 이상의 책을 저술했다. 이런 인물이 바로 지금 우리가 기억하고 있는 사람이다.

후세대가 백스터를 기억하는 것이 중요할까?

1875년 키드민스터에서 사람들은 그를 기억하는 것이 중요하다고 판단했고 도시 중앙에 다음의 비문과 함께 설교하는 모습의 백스터 동상을 세웠다.

> 1641-1660년, 이 도시는 충실한 목회와 그리스도인의 공부법으로 유명한 리처드 백스터의 활동무대였다. 폭풍우가 몰아치고 분열된 시대에 그는 영원한 안식에 이르는 길을 가르치며 연합과 포용주의를 설파했다. 1875년 국교도와 비국교도는 한마음으로 이 기념물을 세운다.

1875년, 기억할만한 가치가 있는 것은 백스터가 누구였는지 보여주기 위해 사용한 구문들이다. 예를 들어 '그리스도인의 공부법'은 그가 항상 공부하고, 빨리 읽고, 읽은 것을 잘 기억하고, 그 앞에 놓여진 책들에 대해 사려깊고 분별력있는 일관된 의견을 내놓는, 박학다식한 사람이었음을 가리킨다.

한 번은 그가 잦은 질병 때문에(그는 평생 질병으로 고생했다) 공부할 시간을 잃어버린 것이 그가 져야 할 가장 무거운 짐이었다고 불평하기도 했다.

하지만 그의 성경 해석 작품과 기독교 전통에 대한 작품, 논쟁을 불러일으킨 그의 입장을 표명한 작품들의 훌륭함을 목도한 사람이라면 그가 실제로 성취해낸 공부 양에 놀라고 말 것이다. 백스터는 실제로 영국 신학자 중에서 모든 시대를 통틀어 가장 많은 저술 활동을 한 사람이다.

백스터의 『실천적 작품들』(Practical Works)에서 재출판 된 대략 4백만 단어의 목회적, 변증적, 경건적, 설교적 작품들 외에도 라틴어로 쓰여진 조직신학은 말할 것도 없고, 은혜와 구원, 교회 연합과 비국교도신앙, 성례전, 로마 가톨릭주의, 율법폐기론, 천년왕국주의, 퀘이커주의, 정치와 역사의 교리의 측면에 관한 6백만 단어를 더 써냈다.

그리고 이 모든 저술에서 백스터의 입장에 최종적으로 동의하든 안 하든, 사람들은 영적 각성 만큼이나 지적 온전함을 추구하는 분명하고 날카롭고 차곡차곡 쌓인 지혜로운 마음의 성숙한 판단과 마주하고 있는 자신을 발견하게 될 것이다.

나는 백스터가 언제나 옳았다고 생각하지 않는다. 그러나 1875년의 동상이 보여주듯 나 또한 그를 기독교 사상가 중에서 가장 뛰어난 사람 중 하나로 본다. 또한 예전에도 그랬듯이 오늘날에도 여전히 그를 존경할 이유가 많다고 생각한다.

1875년 동상에 새겨진 또 다른 문구, '연합과 포용주의'는 백스터가 생전에 외쳤던 것으로, 사십 년 이상 출판된 출판물에도 일관되게 나타나는 간청이다. 당시 백스터의 이러한 호소는 무시되었는데 그 원인은 부분적으로 그의 수사의 많은 부분이 매우 날카로웠기 때문이고, 주된 원인은 당파심과 서로 물어뜯는 논쟁이 진지한 기독교의 온당한 표징으로 여겨졌기 때문이다.

하지만 1875년에는 백스터가 주장했던 기본적인 정신들의 타당성이 명백해졌고, 오늘날에는 더욱 그러하다. 연합에 대한 백스터의 호소는 대부분 그리스도인과 교회 사이에 용납할 수 없는 차이로부터 용납할 수 있는 차이를 구별하는데 집중했다. 그의 호소는 이렇다.

첫째, 모든 사랑, 평화, 성찬은 실제로 모든 기독교의 본질이자 기독교의 형태를 구성하는 것이기 때문에 사도신경, 십계명, 주기도문을 받아들인 사람이라는 조건하에 그 범위는 최대화되어야 한다.

둘째, 그러므로 모든 사람들은 본질적인 것에는 연합, 비본질적인 것에는 자유, 모든 것에 관용이라는 명제를 지켜야 한다.

백스터가 주장한 포용주의는 종교개혁가들이 처음 영국 국교회를 향해 가졌던 견해처럼 그가 영국 국교회를 향해 가진 견해다. 이것은 '순전한 기독교'를 상징하는 회중의 연합, 즉 본질적 측면에서 정의된 기독교 그리고 영국을 복음화하고 제자 삼는 임무에 동역하는 연합된 기독교다.

여기서 그의 호소는 1662년에 회복된 영국 국교회 일치령을 완화해 달라는 것인데 공통된 부르심의 발전을 위해 장로교인, 독립교인, 침례교인들에게 연합 속에서 각각 자유를 허용할 것을 요구하는 내용이었다. 그의 논리는 그 자체로 고귀하고 설득력이 있었다.

그리고 그의 주장은 비국교도들이 그들의 방식대로 무리지어 예배드리다 잡히면 벌금을 내고 감옥에 가야 하는(어떤 계산에 의하면 12만명 정도의 비국교도들이 그런 상황을 만났다) 실정에 매우 적합한 것이었다.

백스터의 요구는 비국교도에 대한 국교도의 미움과 아울러 이들은 모든 면에서 혁명적이라는 의심 때문에, 또 감독교회가 아닌 교회는 교회가 아니며 그들의 사역자는 사역자가 아니라고 보는 영국 국교회의 고교회 신학이 유행했기 때문에, 박해하는 영국 국교회에 대한 비국교도들의 쓴뿌리와 경멸 그리고 영국 국교회와는 다시는 관계하지 않겠다는 굳은 의지 때문에 이루어지지 않았다.

백스터의 주장은 그의 생애 동안 양쪽 모두에게서 무시당했다. 그러나 우리는 1875년, 불신앙의 바람이 자유교회(Free Church)와 영국 국교회 세계 모두를 초토화시키고, 포용주의에 대한 논의의 형성을 영구적으로 변화시키기 전, 사람들이 왜 백스터의 주장을 받아들이기 원했는지 알 수 있다.

그렇다면 우리는 어떠한가?

백스터의 신학적 성취, 목회적 강점, 연합과 포용주의에 대한 주장, 인간의 소망을 영원한 안식에 고정시키는 것에 대한 중요성은 오늘날 우리에게 기억될만한 가치가 있을까?

나는 그것들이 그리스도 안에 있는 비전과 생명력, 지혜의 영감을 나타내는 실례들로서 우리 안에서 기억될만한 가치가 충분히 있을 뿐만 아니라 1875년의 사람들에게보다 오늘날 우리에게 더욱 전해져야 한다고 생각한다. 왜냐하면, 지금은 그들이 가졌던 비전, 생명력, 지혜로부터 더 멀리 표류했기 때문이다.

이 장의 제목은 '모든 사역을 위한 사역자'다. 나는 백스터라는 인물을 더 상세하게 소개하는데 남은 지면을 사용하고자 한다. 각 요점에서 내가 말하고자 하는 한 가지는 작고 피상적이고 얕은 사람들은 언제나 거인들에서 배울 필요가 있듯이 오늘날 우리는 그에게 배워야 할 필요가 있다는 것이다.

2. 인간 백스터

백스터는 하나님의 은혜와 복음의 축복에 대해 상세히 묘사할 때 그가 사용하는 수사학의 비상한 방식 때문에 종종 천사처럼 여겨지기도 했다.

그의 사역은 영혼들의 구원과 교회의 성화를 통해 전심으로 하나님의 영광을 구하는 전형이었다. 백스터가 사역을 실현하는 독립성, 진실성, 열정을 묵상하면 깊은 감동과 영감을 얻게 된다.

그러나 1665년경 50세의 나이로 돌아보았던 스스로에 대한 평가이며, 그의 사후 출판된 『나머지 작품들』(*Reliquae*)의 한 부분이었던 무대 뒤의 한 인간으로서의 백스터를 묵상하면 더욱 큰 감동과 영감을 얻을 수 있다.

이 글은 백스터가 어린 시절부터 교회를 섬기면서 자기 내면에서 일어난 변화들을 서술한 것이다. 일반적으로 그의 묘사는 가공되지 않은 열정에서 잘 여문 단순함에 이르는 발걸음이요, 자기 자신에게만 몰두하고 작은 것에 연연해 하던 열정적인 편협함에서 하나님과 큰 것들에 고요히 집중하고 그러한 큰 것들을 지속적인 전체로 보는 심오한 능력에 이르는 발걸음이다.

이러한 나의 견해가 과장인지 아닌지 당신 스스로 판단하도록 그리고 백스터의 글의 풍미를 직접 느끼도록 여기에 인간의 삶에 나타나는 하나님의 변화의 역사에 대해 겸손하고 정직하게 증언하는 백스터의 글을 일부 발췌한다.[2]

> 나는 사람에게 가혹한 끈질김을 가지고 강력히 권고할 때, 그리고 그들의 잘못에 아주 무겁게 집중할 때 어떤 것도 진리의 수용을 막을 수 없다는 것을 감지해왔다. 나는 젊었을 때 내 기본 원칙을 넘어 수많은 논쟁과 마주했다….
>
> 그러나 나이가 들면서 그런 논란과 호기심(여전히 지성은 혼동을 혐오하지만)을 마주하는데 스트레스를 덜 받았다….
>
> 이제 이것은 내가 가장 가치를 두고 매일 생각하며 나 자신과 다른 사람들에게 가장 유용하다고 여기는 소요리문답의 기초 교리다. 사도신경, 주기도문,

---

[2] 인용구들은 다음에서 온 것이다. *The Autobiography of Richard Baxter*, ed. J. M. Lloyd Thomas (London: J. M. Dent, 1931), pp. 106, 107 f, 112, 115, 117, 118 f, 125, 130 f. 이것은 N. H. Keeble (London: J.M. Dent, Everyman's Library, 1974)가 재편집한 *RB*의 요약본이다.

십계명은 나의 모든 묵상을 위해 가장 괜찮고 풍성한 문제들을 보여준다. 그것들은 나에게 매일의 양식과 음료다. … 나는 쓰임과 결과에 따라 모든 것을 가치 있게 생각한다.
일상과 내 영혼의 경험에서 하나님과 그리스도에 대한 지식, 성령님과 성경의 진리, 죽음 후의 삶, 거룩한 삶은 가장 호기심 넘치는 추론보다 나에게 더욱 유용한 것이다. … 그것이 가장 좋은 교리고 사람을 더 낫게 만들고 행복하게 만든다….

나는 지금까지 종교의 많은 부분을 마음의 친절함과 죄에 대한 통탄, 회개하는 눈물에 두었다.
그러나 나의 양심은 이제 내 모든 종교적인 의무의 꼭대기에서 하나님을 찬양하며 하나님 안에 있는 사랑과 기쁨을 본다….
나의 판단은 이제 하늘의 복에 대한 더 빈번하고 진지한 묵상에 대한 것이다 … 이제 나는 다른 어떤 주제보다 하나님과 하늘나라에 대해 읽고, 듣고, 묵상하는 게 더 좋다. … 나는 한때 내 마음을 묵상하곤 했다 … 내 죄나 바람에 집중하든, 나의 진실성을 점검하든.

그러나 이제는 마음을 알아야 할 필요를 여전히 인정하면서도 … 더 높은 사역에 대한 필요를 더 많이 본다. 나 자신의 마음보다 그리스도와 하나님, 하늘나라를 더욱 찾아야 한다.

이제 나는 전보다 모든 사람 안에서 더 많은 선과 더 많은 악을 본다.… 말솜씨와 껍데기뿐인 종교를 덜 존경한다. … 한때 나는 기도를 유창하게 하는 것과 종교에 대해 언변이 있는 것을 성인의 길이라고 생각했다.
그러나 경험을 통해 흉악한 범죄가 고귀한 직업과 함께할 수 있다는 것을 알게 되었다….
나는 내 기도에서 영국 밖 세상은 안중에 없었다….

그러나 이제 주기도문의 방법과 세상의 경우들을 더 이해하면서 … 나의 기도의 어떤 부분도 이교도와 불신자 세상의 회심을 위한 것만큼 더 깊고 진지한 것은 없다(그는 이어서 선교사 개척자인 '뉴잉글랜드 인디언의 사도' 존 엘리엇(John Eliot)에 대한 존경을 표한다. 백스터는 그를 재정적으로 도왔고 1662년에 쫓겨난 모든 2000명의 청교도 목회자가 해외선교사가 되면 좋겠다는 목소리를 냈다).

나는 예전보다 그리스도인 사이의 불화에 대해 더 고통스럽다. 이교도 세상일을 제외하고 나에게 교회의 분열만큼 슬프고 통탄할 일은 없다. 그러므로 이런 분열의 근본적인 원인이 되는 목회자나 성직자의 죄에 대해 나는 더욱 민감하다.

그리스 교회와 로마 교회, 교황주의자와 개신교, 루터파와 칼빈파의 대립은 그리스도의 왕국을 비참하게 막았다.
내 사역들이 쌍무적인 정의(commutative justice)에서 적절한 공로(merit)로 하나님께 어떤 의무를 지우는 것이 아니었음에도 그의 언약에 대한 나의 흥미를 가장 지속해서 의심의 여지 없이 증명해 주는 것은 그에게 헌신 된 나의 삶의 양심이다.

내가 섬길 다른 주인이 없다는 것, 다른 목적이나 거래나 사업도 없다는 것, 오로지 그분의 사역에 고용되어 그 일이 내 삶의 전부가 되고 내 허약함에도 그의 기대에 맞게 산다는 것을 깨달을 때 나의 구속자를 통한 죄의 용서를 더욱 믿게 된다. 내 삶의 이런 경향과 사역은 하나님에 대한 지식과 믿음과 사랑 안에서 그리고 거룩한 하늘의 마음과 삶에서 완벽함을 좇는 내 간절한 소망과 함께 나를 내 진정성에 대한 의심에서 구해주는(그가 진정으로 다시 태어난 것을 의미한다) 두 가지 지속적이고 식별 가능한 증거들이다.
그리고 내가 전에 자극적인 글에 대한 내 판단의 변화에 대해 말했지만, 나는 그와 같은 것을 피하려고 기술보다 의지를 더 많이 갖췄다. 참회하는 마음으로 이것을 언급해야 하는데 나는 너무 날카롭고 내가 반대하는 사람을 자극하기 쉬우며 논란을 일으킬만한 단어를 사용하는 경향이 있다. 따라서 그것을 회개하고 모든 날카로운 문단이 내 글에서 삭제되길 바라며 하나님과 사람들의 용서를 구한다.

이런 것들은 천성적으로 재능 있고 특별히 겸손하며 인내심 있고 현실적이고 솔직한 것 이상으로 초자연적으로 성화 된 위대하고 거룩한 사람의 단어들이다. 자기 자신에 대한 임상적인 관찰을 통해 얻은 고요한 평화와 기쁨은 참으로 인상적이다.

여기 영원히 살아 숨쉬며 영향을 끼치는 사람이 있다. 언제나 하나님을 향해서는 기도로, 사람들을 향해서는 설득으로 사역했던 그의 영혼은 하나님 안에서 안식하고 있다. 모든 고난 겪은 청교도들 가운데—청교도들은 전체가 위대한 고통받는 자들이었다—그가 견뎌야 했던 것보다 더 무거운 고통과 도발의 짐을 가진 사람은 없었다는 사실을 기억할 때 그의 영의 침착성은 더욱 인상적이다.

백스터는 성년기 내내 여러 가지 육체적 질고(결핵성 기침, 잦은 코피와 손끝 출혈, 편두통, 결막염, 모든 종류의 소화 장애, 결석과 담석 등)로 고통 당했다. 21세부터 그의 말에 따르면 '한 시간도 고통에서 거의 자유롭지 못했다'라고 한다. 이후 55년 동안 그가 최종적으로 해방되기까지 부분적인 장애로 말미암아 항상 죽음이 예견된 상태로 살았다.

1662년 이후 그는 비국교도의 핵심 지도자였기 때문에 엄청난 미움과 학대를 견뎌야 했다. 설교 때문에 여러 번 체포 당했고 감옥에도 몇 번이나 투옥되었으며 벌금 낼 돈을 마련하느라 그가 아플 때 누워지냈던 침대를 포함해 재산을 압류당했고 결국 오싹하게 만드는 영국 대법관 판사(따라서 누구에게 해명할 필요가 없는) 제프리(Jeffreys)와 폭도의 껍질을 벗기는 제임스 2세의 채찍 앞에서 재판을 받아야 했다.

이것은 백스터의 인생에서 가장 낮은 자리에 처한 경험이기 때문에 자세히 살펴 볼 가치가 있다.[3] 기소 이유는 폭동 선동이었다. 그의 책 『신약의 주해』(*Paraphrase of the New Testament*)에 나오는 바리새인과 유대인 권위자에 대한 주해적인 단어들을 영국 통치자에 대한 공격으로 보는 말도 안 되는 날조된 고소였다(백스터는 나중에 같은 논리로 주기도문에 나오는 '악으로부터 우리를 구원하소서'라는 단어들을 말했다는 이유로 기소될 뻔했다고 언급한다).

제프리는 백스터와 그의 여섯 명의 법률 대리인이 법정에서 일관된 발언을 하도록 허락하지 않았고 주해에 나오는 논쟁적인 부분은 절대 논의되지 않았다. 제프리는 70세의 연로한 청교도 베테랑에게 다음과 같이 소리쳤을 뿐이다(이것은 목격자들의 증언이다).

> 기회가 있었을 때 순응하지 않았던(즉 주교의 직을 말함, 백스터는 왕정복고 때 히어포드[Hereford]의 주교직을 제안받았다) 교만하고 고집 세며 광적인 개를 목매다시오!
> 이 나이든 작자는 헌법과 우리 교회의 탁월한 규율을 수백 년이 지나도 없어지지 않을 만큼 비난했소!
> 그는 끌려다니면서 채찍질을 당해 마땅하오.
> 판사가 배심원들에게 열변을 토한 후 백스터는 다음과 같이 말했다.
> 판사님은 이런 불공정한 재판에서 배심원단이 나에게 판결을 내릴 것이라고 생각하십니까?
> 제프리가 백스터에게 대답했다.
> 내가 백스터씨 당신에게 보증하겠소. 걱정도 마시오.

배심원단은 신속하게 백스터가 유죄임을 선고했다. 그 결과, 18개월의 수감생활이 있었다. 그러나 백스터가 76세로 죽은 후 제프리는 40세의 이

---

[3] 상세한 내용은 *Autobiography*, pp. 258-64에 나오는 목격자의 담화에서 확인할 수 있다.

른 나이에 술독으로 죽고 말았다는 사실이 덧붙인다.

매튜 실베스타(Matthew Sylvester)가 백스터의 전기 작가가 되었을 때 캔터베리의 대주교 틸로촌(Tillotson)은 실베스타에게 재판에 대해 언급하며 다음의 격려 편지를 썼다고 한다.

> 백스터 목사님이 궁지에 몰리고, 모함을 받고, 학대받고, 멸시를 받을 때보다 더 영예로운 때는 없었습니다. 그 무엇도 이보다 더 위대하지는 못합니다. 그것을 잘 묘사해주십시오 … 이것은 그의 인생에서 가장 고귀한 부분입니다. 그가 주교가 되었을지도 모른다는 사실이 대단한 게 아닙니다. 바울 사도(고후 11장)도 영광스러운 때를 말하며 노역과 분쟁, 결박과 옥에 갇힘을 언급했습니다. 그의 부와 강점이 아닌 어려움, 피곤함, 위험, 책망을 언급했지요. 하나님은 우리를 이러한 영성으로 인도하여 우리가 빠져들기 쉬운 세속적인 것들에서 우리를 자유롭게 하시지요.

우리가 할 수 있는 화답은 이것 밖에 없는 것 같다. 아멘!

3. 사역자 백스터

우리는 한 인간으로서 백스터에 대해 살펴보았다. 이제 그가 성취한 사역적인 역할을 살펴볼 차례다. 나는 먼저 복음주의적이며 목회적인 소통자이자 설교자이며 선생, 작가로서 백스터에게 초점을 맞추고자 한다. 이것을 위해 키드민스터 사역의 풍성함에 대한 백스터 자신의 설명으로 시작하는 것이 가장 좋을 것 같다.

그 도시의 2천 명의 어른이 '대부분 무식하고 무례하며 흥청거리며 노는 한량들이고 … 생동감 있고 진지한 설교를 들어본 일이 거의 없다'라고 말했다. 하지만 곧 다음과 같은 일이 일어났다.

처음 사역을 시작했을 때 나는 특별히 마음이 낮거나 교화되거나 변화된 사람들을 주의해서 보았다.

그러나 개종자가 늘면서 그런 특별한 관찰에 할애할 시간이 없어졌다. 한 번에 상당한 수의 사람과 가족들이 들어오면서 교회가 성장했고 나는 어떻게 된 일인지 알 수 없었다.

회중은 대개 가득 찼다. 내가 이곳에 온 후, 우리는 기꺼이 다섯 개의 예배석을 만들었다. 그 예배석 없이 교회는 약 천 명을 수용할 수 있었다. 우리의 개별 모임(요즘말로 소그룹) 또한 가득 찼다.

주일(백스터가 도착하기 전에는 스포츠의 날이었다) 거리에서 어떤 무질서도 볼 수 없었다. 길에서 백 여 가정이 시편을 부르고 설교를 되새기는 소리를 들을 수 있었다. 길 한쪽 끝에서부터 걷다 보면 거리에서 하나님을 예배하고 그의 이름을 부르는 가정을 비롯하여 모든 가정이 진지한 경건을 고백함으로써 자신들의 신실함을 나타내는 모습을 볼 수 있었다.

교리문답을 위한 개인 면담을 요청하면 대부분이 수락했다(백스터는 건강 문제로 교인 심방이 어려웠으므로 교인들이 자신을 방문하게 했다). 그들 중 눈물과 경건한 삶에 대한 진지한 약속 없이 돌아가는 가정은 거의 없었다.[4]

백스터의 성공 비결은 무엇이었을까(적어도 목적을 이루기 위한 수단이라는 관점에서 이것이 분석될 수 있다면)?

백스터는 중요한 요인들로써 '그의 사람들이 복음에 강퍅해지지 않았다는 것, 좋은 도우미들—부교역자와 다수의 회원들—을 얻은 것, 마을의 문제아들은 초라해 보이는 반면, 그의 회심자들의 거룩한 삶은 매력적이었다는 것, 키드민스터는 경쟁적인 회중들과 분파적인 논쟁에서 자유로웠다는 것, 대부분의 가정이 방직공으로 일했으므로 많은 시간 집에 있었고 따라서 '거룩한 것들에 관해 읽거나 이야기할 충분한 시간이 있었고

---

4   *RB*, part 1, pp. 21, 84 f.

… 베틀 앞에 서있을 때 책을 읽거나 서로를 교화시킬 수 있었다'[5]는 점을 꼽는다.

또한, 그가 오랫동안 사역을 해왔다는 것, 교회 권징을 실행해 왔다는 것, 결혼하지 않은 채 사람들에게 집중할 수 있었다는 것, 성경과 책을 나누어 줄 수 있었다는 것(책 무료 배포를 위해 그는 저작권 사용료 대신 그의 책이 인쇄될 때 매 15번째 인쇄되는 책을 받았다)도 빼놓을 수 없다. 그가 궁핍한 자에게 돈을 준 것과 자질을 갖춘 의사를 설득하여 이 도시로 이사 오게 할 때까지 아마추어 내과의사의 역할을 일정 기간 수행했던—효과적으로 그리고 무료로—것도 이러한 성공에 도움이 되었다. 그는 이러한 모든 요소가 복음의 진보를 도왔다고 믿는데 나 또한 의심의 여지 없이 그가 옳았다고 생각한다.

하지만 그의 성공의 핵심적인 요소는(인간적으로 말해 의심할 여지 없이) 그가 소통한 복음 그 자체의 명쾌함, 능력, 기술에 있었다.

백스터의 복음 내용은 어떤 면에서도 차별성을 갖고 있지 않다. 그것은 멸망과 구원과 중생에 관한 역사적 청교도, 복음주의적인 신약의 메시지였다. 백스터는 성찰하지 않는 자기 중심성과 죄로부터 십자가에 못박히신 구원자이자 부활하신 주님 예수 그리스도께로 회심할 것을 요구했고 이것이 회개, 믿음, 새로운 순종의 관점에서 무엇을 의미하는지 아주 상세하게 설명했다.

백스터는 회심하지 않은 사람에 대하여 지옥으로 가는 길 위에 있으나 자신들의 위험을 인지하지 못하고 영적으로 잠자고 있는 상태로 보았다. 그래서 더 늦기 전에 그들을 깨워 기독교에 철저하게 귀의시키기 위해서 그는 강대상과 개인적 대화(그가 부르기를 소요리문답교육)에 헌신했다.

백스터가 무엇을 어떻게 말했는지에 대해 회심에 대한 그의 고전적인 작품들로부터 알 수 있다. 『회심에 대한 논문』(*A Treatise of Conversion*),

---

[5] *RB*, part 1, p. 89.

『건전한 회심의 지도와 설득』(Directions and Persuasions to a Sound Conversion), 『비 회심자를 향한 부르심』(A Call to the Unconverted, 전체 제목은 『비 회심자를 향한 부르심: 최후의 심판 날에 찾을 자비처럼 자비를 얻을 수 있을 때 돌이켜 그것을 받으라, 살아계신 하나님으로부터』(A Call to the Unconverted to Turn and Live, and Accept of Mercy while Mercy may be Had, as ever they would find Mercy in the Day of their Extremity: from the Living God)은 원래 백스터가 키드민스터 회중에게 했던 시리즈 설교였다.

백스터는 그의 선배 중 누구도 개인적인 회심에 대해 그가 제시한 만큼 상세히 다루지 않았음을 발견했다. 그는 개인적인 회심을 믿음, 회개, 그리스도 안에 있는 참 생명, 새 창조, 즉 중생에 대한 지속적인 인도하에 인간의 마음에서 은밀하게 발생하는 하나의 과정으로 설명한다.

또한, 예수 그리스도를 먼저 소망하고 구하며 그를 향해 나아가 그에게 삶을 열고 그의 약속을 기원하며 그를 발견했다는 것을 스스로 느낄 때까지 계속 그의 자비를 사모하는 하나의 과정으로 보았다. 회심한 사람은 평안과 기쁨 속에서 제자도, 배움, 순종, 사랑, 섬김과 하나님을 예배하는 가운데 그리스도와 동행한다.

구원자의 임재와 그로 인한 사상과 행동의 변화는 바울의 다메섹 도상에서 처럼 그리고 나중에 많은 사람에게 그랬듯 갑작스럽게 찾아 올 수도 있지만, 전체 과정은 언제나 시간이 걸리기 마련이다. 또한, 그것이 얼마나 빨리 혹은 천천히 진행될지, 언제 열매를 맺을지는 복음 전도자가 아닌 하나님이 결정하시는 것이다.

백스터는 하나님의 주권적 은혜, 마음의 갱신, 긴박한 영원의 주제들 때문에 최고의 심각성과 중요성으로 신앙을 가르치고 배워야 한다는 것과 모든 기독교 공동체에서 계속 복음전도에 노력을 기울여야 한다는 것을 강조했다.

목회자의 적절한 행동에 대한 백스터의 견해는 그의 고전적인 주해서인 『참된 목자』(The Reformed Pastor)에 상세히 설명되어 있다. 이 책에서 우리는 그의 실천적인 회심 중심(practical conversion-centredness)의 정수를 만날 수 있다. 이것이 다가 아니다. 1664년 더 이상 회중 목회가 허락되지 않았을 때 그는 고(古) 어셔 대주교의 권면('백스터는 '다양한 계층의 기독교인들을 위하여 지침서를 써야 한다')과 '가정 지침서'를 쓰려던 오래된 계획을 기억했다. 그해 그는 125만 단어로 구성된 논문을 저술했는데 그것은 다음과 같은 제목으로 1673년에 출간되었다.

『그들의 지식과 믿음을 사용하는 법; 모든 도움과 수단을 향상시키는 법과 모든 의무를 이행하는 법, 유혹을 극복하고 죄를 피하거나 죽이는 방법에 관해 그리스도인을 지도하는 기독교 지침서 또는 실천신학의 요약과 양심의 문제; 그 네 가지 구성. I. 기독교 윤리(또는 사적인 의무들), II. 그리스도인의 경제(또는 가정 의무들), III. 그리스도인의 교회론(또는 교회 의무들), IV. 기독교 정치학(또는 우리 통치자들과 이웃에 대한 의무들)』 (*A CHRISTIAN DIRECTORY Or A Sum of Practical Theology, and Cases of Conscience Directing Christians How to Use their Knowledge and Faith; How to Improve all Helps and Means, and how to Perform all Duties; How to Overcome Temptations, and to Escape or Mortify Every Sin; in Four Parts. I Christian Ethics [or Private Duties] II Christian Economics [or Family Duties] III Christian Ecclesiastics [or Church Duties] IV Christian Politics [or Duties to our Rulers and Neighbours]*).

하지만 백스터 책의 첫 장의 제목은 '회심하지 않은 죄인들이 구원의 은혜를 얻기 위한 지침들'이고, 둘째 장의 제목은 '연약한 그리스도인의 성장을 위한 지침들'이다. 이것은 이 개요서의 본질적인 관심이 어디에 있는지 잘 말해준다.

『기독교 생활지침』(*Christian Directory*)는 정확히 회심한 삶에 대한 거대한 논문이다. 그렇다고 회심이 키드민스터 사역에서 백스터의 유일한 주제였던 것은 아니다. 그는 훨씬 더 많은 사역에 관여했다.

> 내가 매일 소개하는 것, 즉 가장 큰 비중으로 사람들의 마음에 새기고자 하는 것은 세례언약에 포함된 기독교 근본 원리들이었다. 그것은 성부, 성자, 성령에 대한 올바른 지식과 믿음, 헌신과 사랑, 모든 사람에 대한 사랑, 교회 간의 화합이다. 나는 매일 우리의 창조주, 구속자, 성화자에 대한 지식과 하나님께 대한 순종과 교회의 하나 됨, 사람에 대한 사랑, 영생에 대한 소망을 심어주었고 이것은 그들의 매일의 생각, 대화, 종교적인 관심사였다.[6]

하지만 백스터는 복음 전도자였고 항상 그의 청중을 다시 삶과 죽음의 문제로 인도했다.

당신은 돌이켜서 살 것인가?

당신은 지금 죄, 그리스도, 천국과 지옥에 대해 당신이 믿는다고 고백한 것을 심각하게 받아들이는가?

히브리서 11:1에 대한 메시지를 적용할 때 백스터의 복음주의적인 수사학의 실례가 여기 있다. 히브리서 11:1에서 "믿음은 바라는 것들의 실상이요 보지 못하는 것들의 증거다." 그는 믿음이 하나님, 그리스도, 사탄, 마지막 심판, 천국, 지옥 등 성경이 말하는 것을 현실로 다루게 만든다고 주장한다. 그가 질문한다.

> 당신이 천국과 지옥을 믿는다고 말할 때 정말 진지한가?
> 당신은 참으로 그것을 믿는 사람으로서 생각하고 말하고 기도하며 사는가?
> 진실하게 대하라 … 만약 당신이 영원히 살아야 할 곳을 안다면 여기서 당신이 이 땅에서 사는 동안 어떻게 살아야 하고 무엇을 위해 살아야 하며 이 땅의 삶이 무엇에 관한 것인지 알도록 하라.

백스터는 독자가 실제로 그들이 육안으로 그리스도와 자신들의 죽음, 사탄의 참소가 있을 심판의 날에 이미 천국과 지옥을 경험한 사람들의 상

---

[6] *RB*, part 1, p. 93 f.

태를 볼 수 있다면 그것이 어떤 차이를 불러올지 생각하라고 권한다. 이제 백스터는 회중을 벽으로 몰아붙여 더 이상 빠져나갈 수 없게 만든다.[7]

앞서 말한 가정들에 대한 다음 질문들에 답해보라.

① 만일 당신이 믿는다고 말한 것을 실제로 본다면 당신은 무척 기쁠 것이고, 이득이 되는 죄보다 차라리 정신 이상이 낫다고 생각하지 않겠는가? 그리고 그 죄에 침을 뱉지 않겠는가?

② 만일 당신이 믿는다고 말한 것을 실제로 본다면 당신은 가장 진지하고 거룩한 삶에 대해 어떻게 생각할 것인가? 다시 엄격하다고 비난하겠는가 (청교도 삶의 양식에 대한 오래된 경멸적인 꼬리표) 혹은 그것을 필요 이상의 고생스러운 것으로 여기겠는가? 노는 데 쓰인 당신의 시간이 기도하는 데 쓰인 것보다 마시고 운동하고 더러운 욕망에 쓰인 것을 주님에 대한 거룩한 섬김보다 더 잘 쓰인 것이라 할 것인가?

③ 만일 당신이 믿는다고 말한 것을 실제로 본다면 다시 가장 명백한 책망과 간곡한 권고, 엄격한 교훈과 훈련 때문에 그리스도의 성직자들에게 또 기분이 상하겠는가? 당신은 무엇이 성직자들로 하여금 당신의 회심을 위해 그토록 성가시고 조르게 했는지 이해할 것이다. 그리고 좋고 나쁨을 떠나 설교가 최고였다고 고백할 것이다.

④ 나는 내 말을 듣는 죄질이 나쁜 사람들에게 묻는다. 당신은 지금 감히 술 취하거나 게걸스럽거나 세속적인가? 당신은 감히 관능적이거나 교만하거나 간음하는가? 집에 가서 경건에 대해 농을 하고 당신의 영혼을 무시하겠는가? 지금까지 그랬듯이?

⑤ 오, 어떻게 그런 광경이 구속자와 그의 은혜, 약속, 말, 당신 안의 율법을 앞당기는가? 그것은 당신의 바람을 재촉하여 당신의 생명을 위해 그리스

---

7 *Practical Works* (Ligonier, PA: Soli Deo Gloria, 1991), III. p. 585 f.

도게 날아가도록 만들 것이다. 마치 물에 빠진 사람이 지푸라기를 움켜잡
듯이. 그러면 당신은 얼마나 그리스도의 이름과 말씀과 그의 방법을 더 좋
아하고 즐기겠는가! 그것들이 지금은 건조하고 평범한 것처럼 보이지만
말이다.

이것이 현실에 안주하는 사람을 깨우는 백스터의 방법이다. 그는 영국
의 즐거운 국왕(별명) 찰스 2세와 그의 즐거운 법정 앞에서 설교를 했는데,
그 설교는 비록 왕실의 양심의 주의를 끌지 못했지만, 왕실의 명령에 따라
서 출판되었다는 사실을 덧붙이고자 한다.

1875년에 동상에 새겨진 문구에서 '목회적인 충절'로 표현된 자질 덕
분에 백스터는 어떤 멍청이(goose)에게도, 심지어 황실의 멍청이에게도 기
꺼이 '우우'라고 야유할 수 있도록 만들었다. 그는 바로 그런 종류의 설
교자였다.

우리가 백스터에 대해 살펴볼 두 번째 영역은 교회론적인 국가 정신
(statemanship)이다. 포용적인 국가 교회의 지지자였던 백스터는 우리가 보았
듯이 1662년에 독립파들과 일치 및 영국 국교회와 화해를 위해 협상하고
그 목적을 위하여 문서를 작성했으며 책을 출간하는 등 계속 행동을 실행
했다. 이것에 대해 많은 말을 할 필요가 없다.

왜냐하면, 그가 전혀 빛나지 않았고 어떤 것도 얻지 못했던 영역이기 때
문이다. 토론과 논쟁에서 그의 도발적인 방식은 철저히 연합의 목적을 좌
절시켰다. 다른 사람의 소중한 믿음에 대한 선생님 같은 심한 비난은 원수
들을 만들 뿐이었다. 앞서 인용한 설교가 보여주듯이, 그의 스타일은 너무
직설적이고 권위적이어서 조정자 역할을 할 수 없었다.

그러나 이러한 토론에서 그가 이루고자 했던 뜻은 비 분파적이며 고귀한
것이었다. 그는 1672년에 왕실의 관용 아래 설교할 자격을 신청했을 때 다
음과 같이 진술했다.

나의 종교는 순전한 기독교다.

그러나 교황의 군주제와 그것과 동반된 악을 거부하기 때문에 나는 개신교인이다.

나의 믿음과 교리의 원칙은 자연과 성경에 나타난 하나님의 법이다.

내가 소속된 교회는 영국과 세계 어디에나 있는, 내가 성찬에 참여하기를 바라는, 그리스도인의 모든 개교회와 함께하는 그리스도인의 보편 교회다.

때로 그는 이 입장을 '모든 교파에 대항하는 가톨릭주의'라고 부른다. 그의 시대에 이것은 혼합주의적인 사상이었으나 교파주의의 배타성을 초월하는 길을 제시해줌으로써 우리 시대에는 예언자적으로 보인다.

백스터를 장로교인이라고 부르는 것은 결코 옳지 않다. 또는 1662년 이후 그를 영국 국교회자라고 부를 수도 없을 것이다. 그는 영국 국교회의 정착과 관련하여 '순전한 비 순응자'(mere nonconformist)였다. 교단적으로 말해 그는 모든 것이었다. 에큐메니컬한 시대에 백스터의 초교파적인 자세의 중요성을 묵상하는 것은 가치 있는 일이다.

백스터가 관여했던 사역의 또 다른 영역은 기독교 사회 정의였다. 그는 여기에서 중세의 공식을 개혁해 그것을 17세기 개신교 최신 유행에 맞게 사용하는데 위대한 기술을 보여주었다.

20만 단어로 구성된 『기독교 생활지침』의 4장은 통치자와 백성, 변호사, 의사, 선생, 군인, 살인과 자살, 비방, 도적질, 계약, 대출, 매매, 이자의 부과(예들 들어 고리대금), 급여, 주인과 소작인, 법률 소송을 다루고 있다.

백스터는 이러한 모든 관계에서 하나님을 섬기고 기쁘게 하기 위한 실천적 가이드를 주면서, 이웃사랑과 협력적 섬김을 표현하는 방법과 냉담하거나 부주의한 착취를 피하는 방법을 가르친다. 그의 주장으로는 사람은 '다른 사람의 재산이나 노력을 그것이 가진 가치보다 덜 주면서 취하면 안 되고' 고객의 무지나 절대적인 필요를 악용해 이득을 얻어서도 안 된다.

한 상품의 가치는 사는 자가 얼마를 지급하고자 하느냐에 달려있다고 생각하는 것은 잘못된 논리다. 싸게 사고 비싸게 팔기를 소망하는 것은 일반적이지만 그것은(어거스틴이 관찰한 것처럼) 흔한 악이다.[8]

지주들은(소작료를 짜내서) 소작인들이 안정적으로 살 수 없을 만큼 혹은 자신들의 영혼을 위해 여가를 가질 수 없을 만큼 소작료를 올리면 안 된다. 백스터는 이 점에 대해 그가 죽기 6주 전에 끝낸 다른 논문에서 다시 한번 강조한다. 그 논문은 『부유하고 못된 지주들을 향한 가난한 농부의 주장』(*The Poor Husbandman's Advocate to Rich Racking Landlords*)이다.[9]

나는 이 공간이 백스터의 결혼 목가를 소개하도록 허락해주기 바란다. 백스터는 1681년에 배우자를 잃고 몇 주 후부터 '슬픔을 녹이는 힘 아래서' 21살 연하의 총명한 여인과 보낸 19년의 동반자 관계를 기록하며 그녀를 추모한다. 이 이야기는 1928년 윌킨슨에 의해 『리처드 백스터와 마가렛 찰톤: 어느 청교도의 사랑 이야기』(*Richard Baxter and Margaret Charlton: A Puritan Love-Story*)라는 제목으로 사랑스럽게 편집되었다.

나는 이 책을 청교도 결혼과 슬픔을 다루는 법에 관한 에세이와 함께 『성화된 슬픔』(*A Grief Sanctified*)이라는 제목으로 2002년에 편집했다. 백스터는 다음과 같이 쓴다

> 결혼과 함께 그녀의 슬픔과 우울함은 사라졌다. 상담과 자족의 삶이 어느 정도 일조를 했고 우리의 가정사에 몰두해 있는 것도 도움이 되었다. 폭력 없는 사랑과 도움을 주고받는 유익에 대해 분명히 인지하면서 상호 편리함 속에 살았다.

---

[8] *Puritanism and Richard Baxter*, Hugh Martin, (London: SCM Press, 1954), p. 173.
[9] 다음의 제목으로 출간되었다. *The Reverend Richard Baxter's Last Treatise*, ed. F. J. Powicke (Manchester: John Rylands Library, 1926).

제3부 제2장 리처드 백스터(1615-1591): 모든 사역을 위한 사역자   191

그의 아내가 백스터에 대해 어떤 사역을 했는지 백스터 자신의 설명을 보면 그가 아내에 대해 어떤 사역을 했는지 실마리를 얻을 수 있다. 이것은 우리가 전에 살펴보았던 백스터의 지나친 완벽주의적 정직성을 가지고 스스로에 대해서 쓴 것이지만 잘 한 것이 분명하다.

> 나의 사랑하는 아내는 특별히 최근에 나에게서 약점과 어리석음보다 선을 더 많이 찾았다. 우리는 서로 너무 가까이에서 구경하면 안 되는 그림과 같았다. 우리에게 가까이 다가 오는 사람들은 거리를 두고 아는 사람들보다 우리 안에서 더 많은 결점과 단점을 발견했다.[10]

글쎄, 아마도 그랬을지도 모른다. 그러나 이야기에 나오는 모든 힌트를 취한다면 백스터의 결혼 사역은 큰 존경을 받을만한 것으로 보이고 우리 세대를 위한 모델처럼 보인다. 그의 아내는 비록 매우 진취적이고 지적이며 헌신 된 그리스도인이었지만 매우 예민하고 실수에 집착했기 때문에 아마 그녀와 살기는 쉽지 않았을 것이다. 하지간 이 주제는 여기까지만 논하기로 하자.

4. 백스터의 유산

청교도의 장례식 설교는 죽은 사람의 마지막 시간에 대한 언급으로 끝내는 것은 일반적이다. 사람들은 종종 집에서 진통제 없이 마지막 순간까지 완전한 의식을 가지고 다른 사람들과 함께 죽음을 맞이하곤 했다. 그리고 그들이 죽음과 영원으로 들어가기 직전에 한 마지막 말들은 남은 사람

---

[10] *Richard Baxter and Margaret Charlton*, ed. J. T. Wilkinson, (London: George Allen and Unwin, 1928), pp. 110, 152. *A Grief Sanctified*, ed. J. I. Packer, (Wheaton, IL: Crossway, 2002), pp. 90, 127.

들에게 특별한 암시를 주었다. 하지만 이것은 사실상 장례식 설교가 아니다. 축하의 메세지다.

그럼에도 나는 이와 같이 청교도식으로 끝내는 것이 적합하다고 생각한다. 그가 죽기 전 40년이나 그 이상 그랬듯이 그날도 백스터는 생의 모든 날처럼 히브리서 12: 22-24에 나오는 하늘의 예루살렘에 대한 묘사에 집중하며 천국을 묵상하고 있었던 것 같다. 이 구절은 그가 두 명의 방문객에게 말했듯이 '수천 가지 생각을 일으키는 가치 있는' 본문이었다. 그는 방문객들에게 말했다

나는 평안하다. 나는 평안하다.

백스터는 거의 교만할 만큼 겸손한 단어들로 그의 책에 대한 명성을 낮췄다

나는 하나님의 손에 있는 하나의 펜이었어요.
펜에게 무슨 칭송을 준단 말입니까?

고통 속에서 지난 4년 동안 그의 목회 조력자로 수고한 매튜 실베스터 (Matthew Sylvester)에게 말했다.

아, 감사합니다. 정말 감사해요. 주님이 당신에게 죽음에 대해 가르치시나 봅니다.

실베스터는 '어디에 엘리야의 하나님이 계시는가'라는 엘리사의 말을 본문으로 장례 설교를 할 때 부활의 날을 상상하면서 그의 설교를 마무리했다. 실베스터는 크게 물었다.

평화 가운데 엘리야와 그의 하나님을 만나기 위해 나는 무엇을 해야 할까요? 내 눈이 안과 위와 앞과 뒤와 주변을 향해야 하지 않겠습니까? 내 일과 보증, 어려움, 의무와 격려를 알기에 힘써야 하지 않겠습니까? 내가 믿는 것을 말해야 하지 않겠습니까? 내가 설교하는 것을 실행에 옮겨야 하지 않겠습니까? 내 선조들이 그러셨듯이, 모든 지혜와 근면과 성실함으로 그리스도인의 관심사를 끌어올려야하지 않겠습니까?

백스터가 삼위 하나님을 섬기는 영적 강직함의 성향은 실베스터에게 영향을 주었듯이 후세대 그리스도인들에게 계속해서 영향을 주었다. 이것은 사람들로 하여금 제자도와 섬김에 있어서 열정적이고 진취적인 자세를 갖게 해주었다.

또한 이것은 목적 없고 우발적이며 영적인 표류 상태의 사람들에게 양심의 가책을 느끼게 했다. 이 이유 하나만으로도 백스터는 우리가 기억할 만한 가치가 있으므로 간략하게나마 여기에서 그를 소개할 수 있었던 것을 특권으로 생각한다.

내가 백스터를 처음 알게 된 것은 거의 70년 전의 일이다. 목회자든 평신도든, 남녀노소 모두에게 백스터를 알고 그와 함께 하라고 권하고 싶다. 그는 언제나 당신에게 유익을 줄 것이다.

제4부
에필로그: 청교도 목사의 프로그램

제1장: 현대교회의 갱신과 청교도 신앙
제2장: 청교도적 이상과 자질을 갖춘 목회자

제1장

현대교회의 갱신과 청교도 신앙

———— Puritan Portraits ————

몇몇 사람들이 간헐적으로 외쳐온 진리가 있다. 거의 주목 받지 못했던 그 진리는, 언제 어디서나 지구상에 있는 하나님의 교회는 그 신앙을 다음 세대에 제대로 전달하지 못하면 후대에는 완전히 사라지고 만다는 것이다. 충격적으로 들릴지도 모르지만 이것은 변증하기 어려운 명제가 아니다.

목회자가 신앙을 가르치고 복음을 선포하고 영혼을 구원하는데 자기의 힘을 쏟지 않는다면, 믿는 부모가 자녀와, 신자가 그 이웃과 신앙을 나누는데 노력하지 않는다면, 전도의 실천이 사라진다면, 성경과 기독교 서적이 집에서 읽혀지지 않은 채 버려진다면, 교인들이 세상의 가치를 따라 세속적으로 멋진 사람이 되려고 노력한다면, 당신은 교회가 계속해서 관심을 받을 수 있을 것이라고 생각하는가?

한 세대 이상으로?

나는 회의적이다.

당신은 현재 서구 기독교의 대다수가 멸종의 길을 가고 있음을 보지 못하는가?

나에게는 명백하게 그렇게 보인다.

그렇다면 어떻게 부패를 막고 조류를 바꿀 수 있을까?

나의 견해로는 오직 한가지 방법 밖에 없다. 사역과 섬김에 대한 청교도적 이상을 새롭게 포용하는 것이다. 이것 말고는 바닥으로 추락하는 길을 막을 방법이 없다. 여기에 대하여 나는 구체적으로 옛 서구(the Old West), 즉 종교 개혁의 시기로부터 서구 유럽, 북미, 호주 남아프리카의 주요 개신교 단체, 루터파, 영국 국교회, 장로교와 침례교에 초점을 맞추겠다.

중앙아프리카와 아시아에서의 청교도적인 이상은 이미 성경에서 습득되었고 적대감과 문화적 반감, 특히 이슬람으로부터의 적대와 반대에 부딪히며 활발하게 뿌리내리고 있다.

하지만 세속화되고, 물질주의적이며, 교만하고, 표류하는 서구 세계는 다르다. 여기에서 기독교 메시지는 조롱받고, 교회는 하찮은 존재로 전락하여 고립되었으며, 너무 많은 성직자들이 자기 역할에 대하여 그저 조직의 체계를 잘 돌아가게 하고 회중들의 기분을 좋게 하는 정도로 여길만큼 방어적이다.

어떤 사람들은 그들의 능력 이상으로 일을 벌여 자금 공급에 실패하고 건물은 문을 닫고 회중은 흩어지며 성직자들은 목회 사역에서 벗어나 다른 것을 하도록 유혹받는다. 또 어떤 사람들은 은퇴를 하고, 그들이 지나온 여정과 연금과 근심걱정 없음에 만족한다.

하지만 전반적인 상황은 메마른 채로 남아있고 회중은 늙고 작아짐에 따라 교회는 치명적 쇠퇴로 접어들며 점점 더 미끄러져 내려간다. 성직자와 교회 리더들은 대체로 길을 잃은 것처럼 보인다.

그러나 리더십이 길을 잃었을 때 일반 구성원들을 위한 작은 희망이 있다. 내가 여기서 권고하는 이것이다. 신약성경에 근거하고 평가받는 목회자를 위한 청교도적 이상은 교회 갱신을 위한 모든 노력이 반드시 근거로 삼아야 하는 근본적 현실이다. 그렇지 않으면 그들은 마침내 모든 것을 잃을 때까지 계속해서 실패할 것이다. 이러한 나의 견해의 근거는 다음과 같다.

제2장

청교도적 이상과 자질을 갖춘 목회자

―― *Puritan Portraits* ――

우리는 어떻게 청교도적인 목회 이상을 형성해야 하는가?

이것을 위해 우리는 모든 스케일의 정점을 찍는 일반적인 동의로 모든 역사 속에서 가장 위대한 청교도 신학자인 존 오웬을 의지하는 것보다 더 나은 선택은 없다. 그가 말년에 쓴 논문 「복음적인 교회의 참된 본성」(*The True Nature of a Gospel Church*, 1689)에 나오는 '목사들의 특별한 의무'(The especial duty of pastors of churches)라고 이름 붙인 장에서 그는 목사라는 직업을 다음과 같이 설명한다.

> 1. 목사의 첫 번째 주요 의무는 부지런히 설교하여 양무리를 먹이는 것이다. 목회적 가르침으로 말씀을 먹이는 사람들에게 그는 목사다. 목회적 설교의 사역과 의무를 위해 다양한 것들이 요구된다.
>
> (1) 복음의 신비 안에 있는 영적인 지혜와 이해
> (2) 그들 자신의 영혼들의 안에서 자신들이 설교하는 진리의 능력을 직접 경험하는 것 … 그렇지 않으면 그들에겐 생명력이 없을 것이다 … 자신에게 설교하는 설교자만이 다른 사람들에게도 잘 설교할 수 있다. 만약 말씀이 우리 안에 능력으로 거하지 않는다면 그것은 우리로부터 능력으로 나가지 못한다.

(3) 말씀을 올바르게 나눌 수 있는 능력. 디모데후서 2:15에서 이것은 진리의 말씀에 부지런히 나아감을 통해 어떤 것이 참되며 본질적인 것인지 분별하는, 듣는 이의 영혼을 만족하게 하는, 교회의 모든 종류의 사람들에게 적절한 부분이 무엇인지 발견하는 실천적인 지혜다.

(4) 그리고 이것은 일반적인 것일 뿐만 아니라 가능한 한 깊이 있게 교회의 모든 개개인에 대해 그들의 장점과 약점, 지식의 성장 정도(딱딱한 음식을 소화할 수 있는 정도), 그들의 유혹과 의무, 영적인 쇠퇴와 성장과 같은 상태를 지혜롭고 부지런히 고려해야 한다.

(5) 이 모든 것은 하나님의 영광에 대한 열망과 인간 영혼에 대한 열정의 증거와 함께 항상 동반되어야 한다. 이것들이 듣는 이의 양심 위에서 스스로 증명하면서 그들의 영혼과 마음에 열정적으로 실행되지 않는다면 설교는 영혼과 생명을 잃게 된다.

2. 그의 양들을 향한 목사의 두 번째 의무는 그들을 위해 계속되는 열정적 기도다(약 5:16; 요 17:20; 출 32:11; 신 9:18; 레 16:24; 삼상 12:23; 고후 13:7, 9; 엡 1:15-19, 3:14; 빌 1:4; 골 1:3; 살후 1:11). … 예수 그리스도의 관점에서 기도 없이 행하는 것은 그 어떤 것도 가치가 없다. 목사의 의무인 쉬지 않는 기도는 다음 제목들을 포함해야 한다.

(1) 말씀의 성공을 위하여, 그것의 모든 복된 목적에 대하여.
그 목적은 그들의 모든 능력을 향상시키고 강하게 하고,
모든 의무를 지도하고, 하나님을 기쁘시게 하기위해
하나님의 생명 안에 있는 영혼의 모든 행위와 함께 믿음과 사랑에 대해
그들을 교화시키는 것이다.
(2) 교회가 일반적으로 마주치게 되는 유혹을 위해.
(3) 모든 회원의 특별한 상태와 조건을 위해.
(4) 교회 모임 중에 임하는 그리스도의 임재를 위하여.

회중의 마음과 정신에 임하는 복된 역사에 의해서 스스로를 증언하는 은혜로운 신적 효과성과 함께 예배의 모든 규범들을 수반하는 ….

그의 영에 의하여 ….

(5) 믿음 안에서 견인, 사랑 많은 결실을 위해

3. 언약의 봉인에 관한 행정은 그리스도의 집의 청지기로서 목사에게 주어진다.

4. 복음의 진리와 교리를 보전하는 것은 목사의 의무다.

5. 영혼의 회심을 위한 부지런한 노동은 목사의 의무이자 임무다.

6. 목사는 시험과 버림당함의 시기에 절망과 두려움으로 지치고 흔들리는 미혹된 사람들을 위로하고 격려하며 새롭게 하도록 준비되고 자원해야 한다. … 그들 가운데는 특별한 방식으로 어둠과 절망의 나락으로 버려진 사람들이 언제나 있다. 어떤 사람들은 주님에 대한 공포, 날카로운 죄의식, 상황의 불확실함에 대한 깊은 감각을 가지고 하나님을 향한 회심의 입구에 서 있다. 어떤 사람들은 죄나 의무의 부재 속으로 타락한다. 어떤 사람들은 대단히 아프고 지속적인 고통 아래 있다. 어떤 사람들은 압박과 긴급함 가운데 있다. 어떤 사람들은 하나님으로부터 주권적으로 버림 받았다. 어떤 사람들은 사탄의 맹렬한 공격을 받고 있고 신성모독적인 사상이 마음에 주입되고 있다.

(1) 이와 같이 다양한 경우들을 바르게 이해하는 것. 영혼에 대한 성령의 역사, 영과 육의 갈등, 사탄의 방법과 계략, 악한 영의 계략, 본성과 효과와 목적, 그리고 신적 유기 전반의 특성에 대한 이해와 경험이 각각의 질병에 적합한 치료약을 처방하는 지혜와 함께 요구된다.

(2) 그들에게 주어질지 모를 특별한 경우에 준비되고 기꺼이 돌보는 것 ….
(3) 약점, 무지, 어리석음, 더딘 믿음과 자족 그리고 자신의 무례함을 인내하며 부드럽게 참는 것. 모든 목회적인 기능의 의무 이행에서 주 예수 그리스도를 고려하는 것 다음으로는 이것보다 중요한 의무는 없다.

7. 모든 시험과 문제에 대해 다른 모든 회원과 함께 적극적으로 함께하는 것.

8. 가난한 자들을 돌보고 병자를 심방하는 것은 일반적으로 무시되곤 하지만 이것 또한 목사의 의무다.

11. 이것 없이는 모든 쉼은 사람들에게 무익하거나 위대한 목자이신 예수 그리스도와 함께 받아들여지지 않을 것이다. 모든 경건과 정직 가운데 이것은 겸손하고 거룩한 모범적인 대화다.¹

나는 '캄캄한 회색빛 웅덩이 같은 오웬의 추론'(the dark grey pool of Owen's ratiocination)을 말한 이는 제임스 모펫(James Moffatt)이고 그것이 누구였든 간에 이것은 완벽하게 맞는 말이라고 생각한다.

오웬의 난해한 문장 구조와 색깔이 결핍된 사무적인 단어들에 대한 선호는 그를 아마 청교도 저술가 중 가장 덜 매력적인 사람으로 만든다. 현대의 생동감 있는 수사학에 익숙한 사람은 오웬을 읽으려면 훈련이 필요하다는 것을 알게 될 것이다.

그러나 분석적 정확성과 철저함, 무게감에 있어서 다소 반복의 번거로움을 감수해야 함에도 불구하고, 오웬은 최고의 자리에 우뚝 서 있다. 위에 언급된 그의 목회적인 의무에 대한 설명은 그의 마음의 관료적인 자질

---

1 John Owen, *Works*, ed. William H. Goold (London: Banner of Truth Trust, 1968), XVI: pp. 74-89.

을 보여주고 그의 스타일이 학문적이고 건조하긴 하지만, 그가 말한 것은 포댐(Fordham)과 코케쉘(Coggeshall)에서 그가 했던 목회 사역을 반영해 주는 진실한 교훈임을 보여준다.

오웬은 어떤 면에서 청교도 주류에서 벗어나지 않았다. 오웬 작품의 윌리엄 브라운 판의 내용이 보여주듯이 이것은 그의 내용을 리처드 백스터의 『참된 목자』의 2장 '양들을 감독하는 것'의 개요와 비교해 보면 알 수 있다. 백스터는 1656년에, 오웬은 30년 후에 쓴 글이 사상적으로 얼마나 일치하는지 주목할만하다.

양들의 감독(The Oversight of the Flock)에 대해

1장: 감독의 성격 - 감독은 모든 무리에게 확장된다.
1. 우리는 거듭나지 않은 자들의 거듭남을 위해 노력해야 한다
2. 우리는 죄의 확신 아래 있는 질문자들에게 조언을 줘야 한다
3. 우리는 이미 신적 은혜에 참여한 사람들을 세우기 위해 공부해야 한다
4. 우리는 가정들을 주의 깊게 감독해야만 한다
5. 우리는 부지런히 병자들을 심방해야 한다
6. 우리는 신실하게 불순종하는 자들을 꾸짖고 훈계해야 한다
7. 교회 권징에 신중을 기울여야 한다

2장: 감독의 방식 - 목회 사역은 반드시 다음과 같이 행해야 한다.
1. 순전히 하나님 영혼들의 구원을 위해
2. 부지런히 근면하게
3. 지혜롭게 질서 있게
4. 주로 가장 위대하고 가장 필요한 것들을 주장하면서
5. 명백함과 간소함으로
6. 겸손함을 가지고

7. 엄격함과 온유함을 가지고

8. 진지함, 간절함, 열정을 가지고

9. 사람들을 향한 부드러운 사랑을 가지고

10. 인내를 가지고

11. 공경의 마음을 가지고

12. 영성을 가지고

13. 간절한 소망과 성공의 기대를 하고

14. 우리 자신의 불충분함을 깊이 인식하여 그리스도를 의지함으로

15. 다른 사역자들과 연합하여

3장: 감독의 동기들

1. 우리가 담당하고 있는 무리와 관계에서 – 우리는 감독자다
2. 이 관계의 작용인(efficient cause)으로부터 – 성령
3. 우리의 의무가 헌신된 대상에 대한 존엄으로부터 – 하나님의 교회
4. 교회를 위해 지불된 값으로부터 – 그는 자기의 피값으로 사셨다.[2]

존 오웬과 리차드 백스터는 당대 영국 국교회의 조직과 관련해서 그리고 하나님의 은혜의 교리를 정확하게 기술하는 면에 있어서 몇 가지 비본질적인 차이가 있다.

하지만 위에서 요약했듯이, 목회 사역의 이상에 대하여 그들의 생각은 일치했다. 두 사람 모두 장로의 소명은 거룩하고 은혜로우시며 주권자이신 하나님의 임무를 받은 행위자로서 곤궁한 사람들에 대해 지속적 사랑과 봉사, 전적인 헌신으로 사는 것이라고 보았다.

---

2   Richard Baxter, *The Reformed Pastor*, ed. William Brown (Edinburgh: Banner of Truth Trust, 1974), pp. 28-29.

목사는 자기 자신에게 진리의 말씀을 설교하고 그리스도를 전파하며, 말씀의 조명 아래 영적인 혼란 속에 있는 사람들을 상담하기 위해 구별된 사람으로 보아야 한다.

또한, 죄인을 회심시키고 양육하고 감독하고 돌보기 위해 그들을 위해 기도하고 그들에게 지혜를 가져오고 그들 앞에서 경건의 모델이 되고 그들을 찬양, 믿음, 순결함, 겸손함, 성숙함, 그리스도 안에 있는 기쁨으로 이끌기 위해 그리고 믿음의 충만함과 바르게 함을 위해 특별한 상황이 요구하는 어떤 방식으로든지 싸우기 위해 자신을 구별된 사람으로 보아야 한다. 나는 이 에필로그를 질문으로 시작했다.

청교도적 이상에 따라서 그들의 사역을 완수하는 청교도적인 자질을 갖춘 목회자 없이 오늘날 교회가 생존할 수 있을까?

이 질문을 독자들에게 남기며 글을 맺는다.[3]

---

[3] John Owen, *Works*, ed. William H. Goold (London: Banner of Truth Trust, 1968), XVI: p. 89, 1680년대에 써진 다음의 내용은 생각할 가치가 있다. '그 능력, 아름다움, 영광에 관해 종교가 현재 망하고 있는 것은 모든 장소에서, 주로 이 원인에서 일어난다. 이 직무를 수행하는 수많은 사람이(가령 목회자들) 어떤 정도로도 그것에 적합하지 않거나 그것에 속한 의무들을 부지런히 행하거나 양심적으로 주의를 기울이지 않기 때문이다. 일반적으로 지금까지 진실이었고 앞으로도 진실일 것이다. "사제들처럼, 사람들처럼."'

CLC 청교도 도서 안내

청교도 역사
제임스 헤론 지음 | 박영호 옮김 | 신국판 | 237면

이 책은 청교도의 역사적인 관점에서 이념과 삶의 방향 그리고 그 당시 사람들에게 근본적인 원리로 작동했던 정체성(하나님과의 개인적인 만남, 복종, 엄격한 훈련을 통한 하나님의 법 실현) 등을 역사적인 자료들을 통해 독자들에게 쉽게 알려준다.

청교도와 칼빈주의
피터 툰 지음 | 양낙홍 옮김 | 신국판 | 175면

영국 청교주의 역사에 관한 개괄적인 진술을 담고 있어 청교도 운동의 발단, 전개, 절정, 결말을 전체적으로 살펴보는 데 매우 유익하다.

청교도 목회학
찰스 브리지스 지음 | 이영란 옮김 | 신국판 | 768면

1849년에 출간된 고전이지만 목회학을 다룬 가장 강력한 책 중에 하나로, 기독교 목회자와 설교자가 된다는 것이 무엇을 의미하는지 성경에 근거해 신학적이면서도 실제적인 교훈을 다루고 있다.